From the library of

SOPHENE

First published by Sophene 2022

The *History of Tamerlane and His Successors* by T'ovma Metsobets'i was first translated into English by Robert Bedrosian in 1977.

A searchable, digital copy of the English translation can be accessed at:

https://archive.org/details/TovmaMetsobetsisHistoryOfTamerlaneAndHisSuccessors

www.sophenebooks.com
www.sophenearmenianlibrary.com

ISBN-13: 978-1-925937-75-6

ԹՈՎՄԱ ՄԵԾՈԲԵՑԻՈՅ

ՊԱՏՄՈՒԹԻՒՆ ԼԱՆԿ-ԹԱՄՈՒՐԱՅ ԵՒ ՅԱՋՈՐԴԱՑ ԻՒՐՈՑ

ՏՊԱՐԱՆ
ԾՈՓՔ
Լոս Անճելըս

T'OVMA METSOBETS'I

History
of
Tamelrane &
his Successors

IN CLASSICAL ARMENIAN
WITH AN ENGLISH TRANSLATION BY
ROBERT BEDROSIAN

SOPHENE BOOKS
LOS ANGELES

GLOSSARY

Aght'arma (*աղթարմայ*), Roman Catholic.

Awan (*աւան*), a village, town or district.

Azat (*ազատ*), a member of the Armenian nobility, ranking below *naxarars.*

Dahekan (*դահեկան*), a unit of mass, or a corresponding unit of coinage.

K'eshik (*քէշիկ*), a Mongol title for the imperial guard.

Melik (*մէլիք*), a hereditary masculine Armenian noble title.

Mudarri (*միւտառի*), the head of a madrasa.

Mullahs (*մոլ[ն]էք*), scholars of Islamic theology.

P'esa (*փեսայ*), a groom or a male (son or brother) in-law.

Qadi (*ղատի*), an Islamic judge who rules on criminal and civil matters.

Shahastan (*շահաստան*), a large, commercial city or the capital of a province.

Tanuter (*տանուտէր*), a patriarch, head of a noble house or clan, or a landlord.

Vardapet (*վարդապետ*), a doctor of the Armenian church.

Xanum (*խանում*), a female noble title.

TRANSLATOR'S PREFACE

T'ovma Metsobets'i's *History* describes events taking place on the Armenian highlands and in Georgia during the Turco-Mongol invasions of Timur Leng (1386-87, 1394-96, and 1399-1403). These invasions were made upon a society which already had been gravely weakened by the preceding decades of warfare and persecution from Turkmen, Kurdish, and Ottoman groups now resident in the area, and from Mongols of the Golden Horde in the north Caucasus.

Information about the author of this work is found in T'ovma's own *History*, in the Life of T'ovma Metsobets'i, written by his student Kirakos Banaser, and in a number of 15th century colophons. According to these sources, T'ovma was born in 1378 in the district of Aghiovit, north of Lake Van. He received his early education at the monastery of Metsob (or Metsop') north of the city of Archesh, but the invasions of Timur and the attacks of Turkmen bands obliged him to move from place to place, frequently fleeing for his life. In 1395 he went to Suxara (Xarabasta) monastery in the K'ajberunik' district of southern Armenia where he studied for twelve years with the noted *vardapet*s (doctors of the Church) Sargis and Vardan. In 1406, together with twelve classmates, he went to one of the most important seats of learning in Armenia, the monastery of Tat'ew in the Tsghuk region of the district of Siwnik'. After a residence of only two years there, T'ovma, his classmates and their teacher, the great intellectual Grigor Tat'ewats'i, were forced to flee to Metsob monastery to escape the Qara Qoyunlu Turkmens. Soon thereafter T'ovma's beloved teacher was taken to the Ayrarat district by other students, and T'ovma and his classmates, who set out after him, were unable to convince him to return. According to Kirakos

TRANSLATOR'S PREFACE

Banaser, Grigor Tat'ewats'i conferred the *vardapet*al dignity on T'ovma in Erevan. T'ovma then returned to Metsob where he engaged in teaching and literary activity, and participated in the struggle against the influence of Roman Catholicism within the Armenian church. However, between 1421 and 1437, southern Armenia once again became a theater of warfare between Turkmens, Mongols and Kurds. In 1430 T'ovma fled for his life to the island of Lim in Lake Van. In 1436 he and his students fled to Xlat', Archesh and Artske. T'ovma Metsobets'i was one of the major protagonists involved in transferring the Armenian *Catholicosate* from Sis in Cilicia back to Ejmiatsin in Greater Armenia in 1441. After the realization of his dream, T'ovma returned to Metsob where he died three years later, in 1446.

The *History of Tamerlane and His Successors*, although a major source for Armenia in the late 14th and early 15th centuries is, nonetheless, a rather defective production. Written for the most part from memory, the work (especially when dealing with events occurring outside Armenia) contains historical inaccuracies and frequent repetitions, jumps episodically back and forth from one decade to another, and does not, generally, seem to be a well-structured history. T'ovma himself was well aware of its shortcomings. He wrote: "This event occurred in 1425 more or less. You must excuse me, for I was old and commenced fifty years later. Therefore, I wrote going backward and forward."

The History begins with the devastations wreaked on the district of Siwnik' by the northern Tatars in 1386. Tamerlane's invasions of 1387, 1388, 1395, 1401 and 1402 on numerous districts of eastern and western historical Armenia and Georgia, are described

with the blood-curdling immediacy of a terrified eye-witness. The account is more detailed yet for the first three decades of the 15th century. It describes the impact on Armenian economic, intellectual and religious life of this dismal and nightmarish period of mass exterminations, mass deportations, and the forced and voluntary apostasy of the population. For a discussion of Armenia in this period, see *The Turco-Mongol Invasions and the Lords of Armenia in the 13-14th Centuries*[1]. Additional bibliography is available in Toumanoff's article, *Armenia and Georgia.*[2]

Unfortunately, no critical edition of T'ovma's work exists. The Classical Armenian text was published by K. Shahnazarean in Paris in 1860.[3] Subsequently it was translated into French by Felix Neve and appeared in Journal Asiatique,[4] and as a separate book in 1861.[5] The present translation, made from the Classical Armenian text of 1860, was completed in 1977 in Erevan, Armenia. The transliteration employed is a modification of the Library of Congress system.

Robert Bedrosian
New York, 1987

BIBLIOGRAPHY

1. Bedrosian, R. (1979). *The Turco-Mongol invasions and the lords of Armenia in the 13-14th centuries*. Columbia University, New York, NY.
2. Toumanoff, C. (1966). Armenia and Georgia. In J. M. Hussey (Ed.) *The Cambridge Medieval History, Volume IV* (pp. 593-637). Cambridge University Press.
3. Shahnazarian, K. (1860). *Patmut'iwn Lank-T'amuray ew yajor dats' iwrots', arareal T'ovma vardapeti Metsobets'woy*. Paris.
4. Nève, F. (1855). Etude sur Thomas de Medzoph, et sur son Histoire de l'Armenie au XVe siecle, d'apres deux manuscrits de la Bibliotheque Imperiale. *Journal Asiatique, 5,* 221-281.
5. Nève, F. (1861). *Exposé des guerres de Tamerlan et de Schah-Rokh dans l'Asie occidentale, d' après le chronique arménienne in édite de Thomas de Medzoph*. Brussels.

T'OVMA METSOBETS'I'S
HISTORY OF TAMERLANE AND HIS SUCCESSORS

Պարտ է գիտել ուսումնասիրաց եւ բանասիրաց անձանց, զի ժամանակն բաժանի յանցեալն, ի ներկայն եւ յապառնին: Եւ վարդապետաց եկեղեցոյ պիտոյ է վասն երիցն գիտելոյ. վասն անցելոյն պատմել, վասն ներկային խօսել, վասն ապագային իմանալ եւ զգուշացուցանել: Նմանապէս եւ մեզ պարտ է սակաւ մի համառօտաբար վասն ներկային, զոր ի մերում ժամանակիս եղեւ, պատմել, զոր չար թագաւորքն անհաւատք Արեւելից կորուստ բերին Հայկազեան սեռիս ի վերջին ժամանակիս եւ ամենայն օտարացեղ ազգաց ցուցանել:

Արդ՝ այր մի Թամուր-Լանկ անուն, դաւանութեամբ եւ օրինօք պղծոյն Մահմետի՝ նեռին կարապետի, յայտնեալ երեւեցաւ յԱրեւելք ի Սըմըրղանդ քաղաքի, անողորմ, անգութ, անագորոյն, լցեալ չարութեամբ, պղծութեամբ եւ հնարիւք բանսարկուին սատանայի: Զոր ոմանք ի Սարթափու ասեն գոլ զնա, որ է ի գաւառն Կոգովիտ՝ մերձ ի լեառն Մասիս ուր տապանն է Նոյի եւ մերձ ի յԱրտազ գաւառի: Որ եւ գնացեալ ի Թաւրէզ. եւ Ղանորէից յղեալ զնա առ ի քէշիկս՝ պահել զթշնամին ի ճանապարհին Խորասանու: Եւ նորա ելեալ անտի գնաց ի Խորասան. եւ անտի անցեալ զգետս Ջահուն, եւ ընթացեալ ի Սմրղանդ՝ ի քաղաքն Արեւելից. եւ տեսեալ անտէրունչ զաշխարհն ամենայն, եղեւ աւազակապետ եւ գլուխ մարդասպանից: Եւ ժողովեցան առ նա ոգիք հնգետասան, աւելի կամ պակաս, չար եւ նման ինքեան: Եւ երթեալ գաղտագողի ի յանդաստան քաղաքին, յափշտակեալ զերամակ նոցին՝ առեալ գնացին: Եւ իշխանք քաղաքին ելեալ զհետ նոցա պատերազմել. եւ նոցա յետս դարձեալ պատերազմեցան. հարին զնա եւ սպանին. եւ մտեալ ի քաղաքն՝ առին զտէրութիւն քաղաքին եւ զկին նորին Խանում անուն, տիկին նորին:

Scholars and literary men must know that time is divided into three parts: past, present, and future. Vardapets of the Church should know about these three in order to relate [what occurred] in the past, to discuss the present, and to know about and foresee the future. Similarly, we too must write in a somewhat abbreviated fashion about the present, about what transpired in our own period, about the wicked, faithless kings of the East who brought ruin to the Armenian people in these latter days, and [we must] make mention of all the foreign peoples.

A man named T'amur-lank [Tamerlane], holding the faith and precepts of the obscene Mahmet, precursor of the Antichrist, appeared in the East, in the city of Samarqand, merciless, cruel, treacherous, filled with all the evil, impurity and stratagems of the tempter satan. Some say that he was from Sart'ap' which is in the district of Kogovit hard by Mt. Masis (where Noah's Ark is) and close to the district of Artaz. He went to Tabriz and the khans sent him to the k'eshiks to check the enemies on the Khurasan road. He arose and went to Khurasan, crossed the Jehan river[1] and arrived at the city of Samarqand in the East. Observing that the entire land was lordless, he became the head of brigands and the chief of the murderers. There assembled about him some 515 men who were as wicked as he was. Secretly going to the city's fields, they ravished and made off with its herds. The princes of the city came out to war against them. But they turned about and fought [their pursuers] striking and killing them. Then entering the city, they took possession of it, and [Timur] took the wife of its lord, Xanum, as his own wife.

---

1 *Jehan river:* Amu Darya.

Եւ սակաւ սակաւ զօրացեալ՝ չառ զԲուխարայ քաղաք. եւ անցեալ յայնկոյս Ջահուն գետոյն, եւ մտեալ յերկիրն Խորասանու՝ առնոյր զբազում քաղաքս նոցա, եւ կոտորէր սրով զամենեսին: Եւ ահ եւ երկիւղ անկեալ ի վերայ նոցա՝ ետուն զաշխարհն ի ձեռն նորին:

Եւ նա զոմանս խաբէր սուտ կաշառօք, ոմանց երդնոյր, զոմանս որդեգիրս առնոյր, ոմանց զդստերս իւր ի կնութիւն տայր, եւ դստերօքն սպանանէր զփեսայն: Որ եւ զՀրէ քաղաք թագաւորանիստ. ետ զդուստր իւր իշխանի նոցա, եւ նա կացեալ զաւուրս ինչ առ նա՝ սպան զայր իւր սրով, եւ յղեաց առ հայրն գալ առնուլ զքաղաքն: Եւ նորա գնացեալ չառ եւ արար քաղաք թագաւորական:

Իսկ իշխան ոմն Շահ-Մանսուր անուն ընդդէմ կացեալ նմա աւելի քան զութն ամ. եւ ոչ տայր ի նա զՇիրազ, զՔրման եւ զԱսպահան: Եւ պիղծն Թամուր խաղաղութիւն արարեալ ընդ նմա եւ հնարիւք յետ դարձեալ ընդ Արեւելս. եւ Շահ-Մանսուրն դեսպան եւ աղերս առաքեալ նմա բազում յոյժ: Եւ նորա տեսեալ զեկեալ դեսպանն՝ սուտ հիւանդ անկեալ. ետ բերել գառն մի, եւ զենին զնա, եւ չարբ զարիւն գառինն: Եւ հրամայեաց կոչել զդեսպանն ի մէջ բազմութեանն. եւ եցոյց զդէմս կերպարանաց իւրոց իբրեւ զմեռելոտի, եւ ետ բերել զանօթ պղնձի, եւ դարձոյց յետս զարիւն գառինն առաջի ամենայն բազմութեանն: Եւ եկեալ դեսպանին, տեսեալ, յոյժ ուրախացեալ ի միտս իւր աւէ. այսօր եւ վաղիւն սատակի: Եւ ի գիշերին այնմիկ ելեալ ի ձի հասեալ առ Շահ-Մանսուր իշխանն ամենայն աշխարհին, ետ աւետիս ուրախութեան: Եւ արայիշ մեծ արարին այսինքն է հանդէս: Եւ ամենայն մարդիկ աշխարհին, որ կային ի նեղութիւն, ի քաղց, ի ծարաւ եւ ի վտանգ տագնապին՝ ելեալ ցրուեցան յիւրաքանչիւր բնակութիւնս, ուստի եկեալ էին:

Gradually growing stronger, he took the city of Bukhara. Crossing to the other side of the Amu-Darya river he entered the country of Khurasan, and took many of its cities, putting everyone to the sword. Fear and dread fell upon [the people] and they gave the land over to him.

[Timur] tricked some with false bribes, some he swore [to himself], some he adopted, some he gave in marriage to his daughters, then killed the bridegrooms by means of his daughters. He also took the royal city of Herat, marrying his daughter to its prince. [The daughter] remained with the man for a few days then killed him with a sword, sending to her father for him to come and take the city. And he went and took it, making it a royal city.

Now a certain prince named Shah-Mansur resisted [Timur] for more than eight years and did not yield up [the cities of] Shiraz, Kirman, and Isfahan. The foul Timur made peace with him, and as a ruse, turned toward the East [as though departing]. Shah-Mansur sent a great many ambassadors and supplications to him. When Timur saw the ambassadors who came, he feigned illness, had a lamb brought, slaughtered, and drank its blood. He then commanded that the ambassador be called into the multitude, and Timur gave the appearance of someone dying. He had a copper vessel brought and vomited out the lamb's blood before the entire multitude. When the ambassador saw this, he was inwardly delighted and thought: "Today, soon, he will die." That night [the ambassador] jumped on a horse, reached prince Shah-Mansur, and gave the glad tidings to the entire land. And they held a great arayish (that is to say, a celebration). Then all the people of the land who were harassed, hungry, thirsty and [had been] greatly endangered, dispersed, each going to his dwelling place.

Իսկ չարահնարն Թամուր պատրաստեաց զզօրս իւր. եւ զերից եւ զչորից աւուրց երթեալ ճանապարհն ի միում աւուր՝ եկեալ հասանէր ի դուռն քաղաքին: Եւ պատերազմ ելեալ ի վերայ նոցա՝ ի սակաւ աւուրս կոտորեցին եւ ի յառնուլ բերին զամուրս նոցին: Իսկ արին Շահ-Մանսուր սրտապնդեալ սպառազինեաց զզօրս իւր 800 ոգի: Յանկարծակի բացեալ զդուռն քաղաքին եւ մտեալ ի մէջ անթիւ եւ անհամար գնդին մինչ զի հասին ի նոյն տեղին, ուստի Թամուր ժողովեալ էր զամենայն գունդ արեաց հեծելին, եւ վերացուցեալ զսուրն իւր ի վերայ գլխոյ սատանայի զաւակին. եւ զօրացն ասպարափակ արարեալ՝ ոչ կարացին սպանանել զպիղծ վիշապն անդնդային: Այլ շրջապատեալ զօրաց նորին՝ զամենեսեան առ հասարակ կոտորեցին սրով. եւ այսպէս առին զամենայն աշխարհն Խորասանու՝ զԲահլ քաղաք, զԽորասան, զՇիրազ, զՔրման, զԱսպահան, զՆիւշապուհ, զԿուրան, զՄակուրան, զԹուս, զԹանջան, զԹամղան, զՄազանդարան, զՌէ, զՂազուին, եւ հասին մինչ ի Սուլթանիա՝ ի սահմանս Ատրպատականին Թաւրիզու: Եւ Եդիլ անուն Սուլթանիոյ իշխանին գնացեալ ընդ առաջնորա գանձուք եւ թագաւորական աղերսիւք՝ եւ հաշտութիւն արար ընդ նմա:

Եւ ղանն Թաւրիզու սուլդան Ահմատ ելեալ գնաց փախստական, ճանապարհաւն Ռշտունեաց Ոստանու, առաջնորդութեամբ ամիրային մարաց Եզդնայ ի Բաբիլոն քաղաք, որ այժմ Պաղտատ կոչի, առ ազգականս եւ զօրս իւր, զի ի նոյն ժամանակին եւ նոցա տիրէին: Իսկ Էդիլն աասցեալ, առաջնորդեալ, Թամուրին ի Թաւրէզ քաղաք՝ եւ ետ ի ձեռս նորին:

But that evil scheming Timur organized his army and traversed a journey of three or four days in but one day, arriving at the city gates. Going to battle, in a few days they destroyed them and seized their fortresses. Now the brave Shah-Mansur, remaining intrepid, armed his forces of 800 men. Suddenly he opened the gates of the city and went amidst the countless, limitless brigade until they reached the very spot where Timur had assembled the Aryan [Iranian] cavalry. Then [Shah-Mansur] raised his sword over the head of satan's son, but [Timur's] soldiers surrounded him with their shields and [Shah-Mansur and his supporters] were unable to slay the dragon of the abyss. Instead, surrounded by [Timur's] troops, they were cut down, one and all. Thus did [the Timurids] capture the entire land of Khurasan, the city of Balkh (Bahl), Khurasan, Shiraz, Kirman, Isfahan, Nishapur, Kuran, Makuran, Tus, T'anjan, Damghan, Mazandaran, Ray, Qazvin, and they reached as far as Sultaniyeh to the borders of Tabriz in Atrpatakan. Edil, the prince of Sultaniyeh, went before [Timur] with treasures and royal supplications and made peace with him.

The khan of Tabriz, Sultan Ahmad, under the leadership of the emir of the Medes, Ezdin[2] fled via Ostan of the Rshtunis, to the city of Babylon (now called Baghdad), to his relatives and troops, for they simultaneously ruled them as well. Now the Edil whom we mentioned, led Timur to the city of Tabriz and gave it over to him.

---

2 *Ezdin:* 'Izz al-Din Shir, Kurdish ruler of the Shambo tribe in Hakkari.

Եւ գաղտագողի խորհուրդ արարեալ ընդ զօրս իւր կամէր սպանանել զլանկն եւ զկաղն Թամուր ի բաղանիս քաղաքին: Եւ մի ոմն իմացեալ զխորհուրդն ծածուկ, եկեալ առ նա ասէ զդաւ նենգութեան Էդիլ աղային: Եւ նորա գիտացեալ, յղեալ կոչեաց զնա, եւ հուր ետ վառել. եւ եդին կենդանոյն ի պղնձի սանն եւ եփեցին զնա առաջի նորա եւ ամենայն բազմութեանն. եւ այնպէս կորուսին զնա:

Դարձեալ եւ այս գիտելի է, զի նախ քան զգալ Թամուրին ի յաշխարհս մեր, ի 835 թուականին, թագաւորն հիւսիսոյ Թօխթամիշ անուն՝ տէրն Ռուսաց եւ Ազախի, որ նստէր ի Սարայ, մերձ ի Ղրիմ, առաքեաց դեսպան առ ղանն Թաւրիզու սուլդան Ահմատ անուն՝ որդի Օիսին, վասն սիրոյ եւ խաղաղութեան. իսկ նա չար եւ պիղծ գործովք խայտառակեաց զնա: Եւ դեսպանն գնացեալ առ նա՝ պատառեաց զօձիսն իւր առաջի նորա: Եւ նա բարկութեամբ լցեալ առ ինքն կոչեաց զիշխան մի Ճանիբէկ անուն, եւ ետ բազում զօրս ի ձեռս նորա: եւ նա դրամբն Ալանաց եւ Դարբանդի եկեալ ի վերայ նորա: Եւ նա խոյս ետ ի նմանէ եւ եկն ի յՈստան. եւ անտի գնացեալ ի Պաղտատ: Եւ զօրքն հիւսիսոյ պաշարեցին զԹաւրէզ, եւ աւուրս եօթն պատերազմեալ առին զԹաւրէզ. զբազումս սպանին, զբազումս կողոպտեցին եւ աւար առին զամենայն գաւառս նորին: Եւ անտի չուեալ ի Նախճուան քաղաք եւ յամենայն երկիրն Սիւնեաց՝ երկոտասան գաւառս աւերեցին. զբազումս սպանին եւ գերեցին: Եւ էին յաւուրս ձմերայնոյ:

Then secret consultations took place in his army to kill Timur the Lame in the city bath. But someone who learned about the plot went and informed Timur privately about emir Edil's treachery. When Timur found out, he had Edil summoned. He caused a fire to be kindled, had Edil placed alive in a copper kettle, and cooked in the presence of himself and the entire multitude. And thus did they destroy him.

Now this too is known: that before the coming of Timur to our land, in 835 of the Armenian Era [1386], the king of the North, named Tokhtamysh, lord of the Rus and Azax, who resided in Sarai close to the Crimea, sent an ambassador to the khan of Tabriz, Sultan Ahmad, Uwais' son, to make friendship and peace. But [Ahmad] through wicked and foul deeds disgraced him. When the ambassador returned to [Tokhtamysh] he tore his collar before him, and filled with rage [Tokhtamysh] summoned a prince named Jani-beg and entrusted many troops to him. [Jani-beg] came against [Ahmad] through the gate of the Alans and Darband. Now [Ahmad] eluded him, came to Ostan and thence to Baghdad. The troops from the north besieged Tabriz and after fighting for seven days, they took it. Killing and robbing many, they looted all of [Ahmad's] districts. Thence they went on to the city of Nakhchivan and devastated all the twelve districts of the Siwnik' country, killing and enslaving many people. It was winter when this occurred.

Իսկ ի հրամանէն Աստուծոյ յանկարծակի ձիւն սաստիկ եկն ի վերայ նոցա՝ յաւուր Յայտնութեան տեառն մերոյ. եւ բազումք զերծան ի գերութեանց նոցին: Եւ զբազում մասն աւարին ի բաց ընկեցեալ՝ գնացին յաշխարհն իւրեանց նոյն ճանապարհաւն, ուստի եկեալ էին անմանաբարոյ ազգն Թաթարաց, որ Տօղտօղան կոչէին՝ խաղաղութիւն արարեալ երկրին Շամախւոյ, վասն զի բացին զդուռն Ալանաց խաղաղութեամբ ընդդէմ նոցին:

Իսկ ի սոյն ժամանակի էր երջանիկ եւ երանելի վարժապետն Հայոց Յոհաննէս՝ մականուն կախիկ կախեալ ի սէրն Աստուծոյ՝ գոլով ի գաւառէն Որոտնոյ ի գեղջէն Վաղանդնու՝ որդի մեծի իշխանին Իվանի, որ էր ի զարմէ առաջին իշխանացն Սիւնեաց, յորմէ Վասակն էր, որ չարախօսեցին առաջի Պարսից թագաւորին Յազկերտի, թէ՝ զհօրեղբայրն մեր Վաղինակ սպանեալ է, յոյժ իմաստուն եւ գիտնական հին եւ նոր Կտակարանաց, լուծիչ Աստուածաշնչոյ նրբից եւ արտաքնոց, յաշակերտաց մեծին Եսայեայ եւ Տիրատրոյ վարժապետաց մերոց: Որ ժողովեաց առ ինքն զբազում աշակերտս յամենայն գաւառաց եւ լուսազարդեալ պայծառացոյց զազգս հայոց վարդապետօք եւ քահանայիւք, գեղեցիկ կարգաւորութեամբ եւ ուղղափառ դաւանութեամբ: Մանաւանդ տիւ եւ գիշեր մաքառելով ընդդէմ քրիստոսատեաց աղթարմայիցն գաւառին Երնջակու: Եւ ի սոյն աւուրս հանգեաւ ի Քրիստոս, եւ խաւարումն եղեւ աշխարհիս Հայոց: Եւ բարձեալ աշակերտաց իւրոց՝ տարեալ եդին յԵրնջակայ վանսն մերձ սուրբ ճգնաւորին Մաղաքիա՝ աշակերտի իւրոյ, որ էր նա ի ծովահայեաց քաղաքէն Ղրիմայ՝ յոյժ մեծատան որդի: Եւ թողեալ էր զժառանգութիւնն եւ եկեալ առ մեծ վարդապետն Յոհաննէս:

But suddenly, at the command of God, a severe snow fell upon them on the day of the Revelation of Our Lord. Many people escaped captivity. Then, leaving a large part of the booty behind, [Jani-beg and his men] returned to their land by the same road whence had come the bestial people of the Tatars, called Toghtoghan. And they made peace with the country of Shamaxi since [the inhabitants] peaceably opened the Alan Gates before them.

Now in this time lived the blessed and venerable vardapet of Armenia, Yovhannes, nicknamed kaxik[3]—suspended in the love of God. [Yovhannes] was from the district of Orotn, from the village of Vaghand, son of the great prince Iwane from the line of the first princes of Siwnik' from which [line too] was Vasak (who spoke slander before Yazkert, king of Iran to the effect that their father's brother Vaghinak was slain). [Yovhannes] was extremely wise and learned in the Old and New Testaments, an unraveler of the subtle in the Bible and in profane [works], a student of our vardapets, the great Esay and Tiratur. [Yovhannes assembled about himself many students from all districts and made the Armenian people gleam radiantly with vardapets and priests, with beautiful order and orthodox doctrine. He especially struggled day and night against the Christ-hating Aght'armayits' of the Ernjak district. In these days he reposed in Christ and there was darkness in the land of Armenia. His students took his body and buried it at Ernjak monastery, close to his student the blessed hermit Maghak'ia. [Maghak'ia] was from [Kafa] the seaside city of Crimea, son of an extremely wealthy family. He left his inheritance and came to the great vardapet Yovhannes.

---

3 *Kaxik:* suspended, hanging.

T'OVMA METSOBETS'I

Եւ առեալ ի նմանէ զվարդապետական իշխանութիւն՝ եկն ի Նախճաւան գաւառ, շինեաց զվանորայս Հայոց, եւ բազում հակառակութիւնս կրեաց յաղթարմայից՝ սուտ քրիստոնէից. եւ յետոյ դեղակուր եղեալ ի սանամօրէն իւրմէ յաղթարմայէ՝ սուգ մեծ եթող ազգիս մերոյ: Վասն զի զերկուց վարդապետաց դասատունն՝ զՅոհաննու եւ զՍարգսին նա պահէր ի շինութեան զԱպրակունեացն եւ զԱստապատին. եւ զամենայն ժամանակս կենաց իւրոց միս ոչ եկեր եւ գինի ոչ էարբ: Եւ երկու քուրձ զգեցեալ էր՝ զմին հանէր ի յանձնէն եւ ի հուր անցուցանէր, եւ միւսն ոչ ելաւ յանձնէ նորա: Եւ երկաթ զանձամբն ունէր չորս մատամբ լայն, եւ քքով աւազակաց պատեալ էր զանդամս իւր մինչեւ ի ծունկսն: Եւ ի ժամ մահուն տեսին զնա հոգեւոր հարքն մեր՝ վարդապետն Յովհաննէս եւ Մատթէոս կրօնաւոր որ պատեալ էին զնա. եւ յայտնեցին ամենեցուն: Եւ հիացեալ, զարմացեալ՝ փառս ետուն Աստուծոյ. Եւ կամեցան խաչ ձեւացուցանել: Եւ մեծ վարդապետն Յովհաննէս ոչ ետ թոյլ. այլ ընդ ինքեան եդին ի գերեզմանի: Եւ ասէին տեսողքն. ի մեծ նահատակի սուրբ Սարգսի տօնէն մինչ ի տօն Վարդավառին ջուր ոչ էարբ. եւ ի մեծի պահոցն ի կիւրակէէ ի կիւրակէ միայն փոշեջուր ճաշակէր: Անդ եդին զմեծ վարդապետն Յովհաննէս ի պատիւ եւ ի փառս սուրբ եկեղեցոյ՝ զերկոսին ամոլսն հաւատոյ ի միասին:

Receiving from him the authority of vardapet, [Maghak'ia] went to the district of Nakhchivan and constructed Armenian monasteries. He also endured much resistance from those false Christians, the Aght'armayits'. Subsequently he was poisoned by his godmother, an Aght'arma, and left our people in great mourning. For he kept in good repair the schoolhouses of two vardapets, Yovhannes and Sargis: Aprakuneats' and Astapatin. Throughout the entire duration of his life he ate no meat and drank no wine. He wore two hair-cloths, one of which he would remove and walk through fire, while the other one he never took off. He wore around his body to his knees an iron [brace] with four wide bands [which] tormented his limbs [like] criminals [are tormented]. Our spiritual fathers, vardapet Yovhannes and the cleric Mat'eos, saw him at the hour of his death and stood by him. And they informed everyone. Amazed and astonished they glorified God and wanted to erect a cross. But the great vardapet Yovhannes did not permit it. Rather they buried him in their cemetary. People who saw Maghak'ia said that from the feast of the great martyr saint Sargis to the feast of Vardavar [Transfiguration] he drank no water and that during Lent he ate only barley flour mixed with water, from Sunday to Sunday. It was there [with Maghak'ia] that they buried the great vardapet Yovhannes; the two [had been] yoked together in faith to the honor and glory of the holy Church.

Որ էր ծնեալ սա ի Նաւասարդի 30, եւ ի նոյն օր հանգեաւ ի Քրիստոս ըստ նմանութեան մեծին Սահակայ հայրապետին: Զի այս է օրհնաւոր մահ մաքուր քրիստոնէից ազգի, որոց յիշատակն օրհնութեամբ եղիցի, եւ աղօթք նոցա ի վերայ ամենայն աշխարհի: Եւ մաղթանօք սորա Տէր Աստուած ամենայն ազգիս մեր ողորմեսցի՛: Եւ մահ սորա երեք ամաւ յետոյ է քան զճգնաւորին Մաղաքիայ:

Եւ յաջորդեաց զաթոռ նորա քրիստոսածաւալ աղբիւրն եւ անմուտ արեգակն՝ երկրորդ լուսաւորիչն Գրիգորիոս վարդապետն Տաթեւացի, հաւանութեամբ եւ կամօք մեծ վարդապետին Սարգսի սուրբ ուխտին Խառաբաստայ, եւ Համշիրակ եղբարց իւրոց՝ Յակոբայ Սաղմոսավանիցն Արարատեան գաւառին եւ Գէորգայ Եզնկացւոյ եւ ամենայն աշակերտաց գնդին՝ Յոհաննէս վարդապետին Մեծոբայ, Յակոբայ եւ Մխիթարայ Ռշտունեաց: Այսքան առ այս:

Դարձեալ դարձցուք ի յառաջիկայ պատմութիւնս պիղծ թագաւորին Արեւելից: Յ836 թուականին մեր առեալ էր զաշխարհն Խորասանու ութամեայ պատերազմաւ. եւ անտի չուեալ եկն էառ զԳանձակ շահաստանի՝ քաղաքն Թաւրէզ: Եւ անտի չուեալ եկն ի յերկիրն Սիւնեաց՝ ի վերայ դղեկին Երնջակու. եւ ապա ի վերայ երկրին ճակատուց. էառ զքաղաքն Սուրբ Մարի ի հիմանց տապալեալ զամուրն մեր որ էր ամրափակեալ պատուական ազգին Բագրատունեաց. եւ գերեաց զքաղաքն եւ շրջակայ գեղորայսն:

[Yovhannes] was born on the thirtieth of Nawasard and died on the very same day, like the great patriarch Sahak. For this is the normal death of pure Christian folk. May their memory be blessed, and may their prayers be upon the world. By supplications may Lord God have mercy on all of our people. Yovhannes' death occurred three years after the hermit Maghak'ia's.

Yovhannes was succeeded on the [abbot's] throne by that Christ-inspired source, that sun which never sets, the second illuminator, vardapet Grigorios Tat'ewats'i, by the consent and will of the great vardapet Sargis of the holy congregation of Xarabast and by his dear brothers, Yakob of Saghmosavank' in the Araratean district and by Georg Erznkats'i, and by the entire group of students of vardapet Yovhannes of Metsob, Yakob and Mxit'ar Rshtuni. On this, so much for now.

Let us return to our earlier narration about the abominable king of the East. In 836 of the Armenian Era [1387], [Timur] took the land of Khurasan after an eight-year war. After that he went and took the city of Tabriz of Gandzak shahastan. Then he came against the fortress of Ernjak in the Siwnik' country; then against the Chakat country; he took the city of Surbmari destroying to the foundations our fortress which the venerable Bagratid family had strongly secured; he captured the city and all the surrounding villages.

Իսկ բարեպաշտ տանուտէր մի Մարտիրոս անուն՝ յոյժ զօրեղ զօրական, ողորմած եւ աղքատասէր, ի գեղջէն Կողբայ, ելեալ ի լեառն Բարդող, որ կոչի յայլոց ազգաց Թակալթու, յոյժ արի եւ քաջ մանկամբք գեղջն ապրեցոյց զամենայն հաւատացեալսն մեծաւ պատերազմաւ եւ սրտապինդ զօրութեամբ, օգնութեամբ հզօրին Աստուծոյ Յիսուսի Քրիստոսի Փրկչին մերոյ: Եւ թէպէտ բազում անգամ պատերազմեալ՝ ոչ կարացին առնուլ զլեառնն զայն: Որ յետոյ այրն այն նահատակեցաւ ի պիղծ թուրքմանէն Սահաթ անուն, հեղձուցեալ ի ջուրն Արազու, անտես ի մարդկանէ: Ի սոյն ժամանակս կորեաւ սուրբ նշանն Գետարգել, որ էր ի փայտէն կենաց տուեալ պարգեւ սուրբ Լուսաւորչին Գրիգորի ձեռամբ սրբոյն Սեղբեստրոսի: Զի երկու կրօնաւորք ի սուրբ ուխտէն Կաղզվանայ սուրբ հօրն Վարդիկ տարեալ պահեցին գաղտնի: Եւ Չաղաթայն ի վերայ հասեալ՝ զերկոսեանն այլ սպանին. եւ այլ ոչ ոք գիտաց զտեղին: Եւ բազում անգամ յետոյ որոնեալ եպիսկոպոսք նոցին՝ ոչ կարացին գտանել. եւ սուգ մեծ եղեւ ամենայն Հայոց:

Եւ անտի չուեալ եկն յերկիրն Արարատեան եւ Կարբու եւ յերկիրն Կոտայից. եւ խսարեալ զամուրն Բջնոյ՝ էառ զնա եւ սպան զեպիսկոպոս աշխարհին զտէր Վանական, որ էր այր իմաստուն եւ գիտնական, ողորմած եւ գթած ամենայն աղքատաց: Եւ զայլ ամենայն բազմութիւն հաւատացելոցն չարչարէին տանջանօք, սովով, սրով, գերութեամբ, անտանելի չարչարանօք եւ անագորոյն բարուք անմարդաձայն արարին զամենայլից զաւառն Հայոց: Եւ բազումք նահատակութեան հասին եւ պսակաց արժանացան, զոր հանդիսադրին Քրիստոսի Աստուծոյ մերոյ միայն է գիտելի, որ պսակէ զնոսա աւուր հատուցման արդարոցն զնդից. ամէն:

Now a pious tanuter named Martiros, an extremely strong warrior from the village of Koghb, a merciful man, a lover of the poor, went up onto Mt. Bardogh (called T'akalt'u by the foreigners) with extremely manly and brave youths from the village and saved all the believers through a great battle and with the intrepid aiding power of mighty God, Jesus Christ, our Savior. And though [Timur's] men fought many times, they were unable to take that mountain. But subsequently [Martiros] was murdered by an unclean Turkmen named Sahat'—drowned in the Araz waters, far from human sight. In this time the holy cross of Getarget was lost. It had been fashioned of the Wood of Life [the Cross] and given by saint Sylvester as a gift to saint Gregory the Illuminator. Two clerics from the blessed congregation of the holy father Vardik in Kaghzvan had taken it and were secretly keeping it. Ch'aghat'a [Chaghatai, referring to Timur] fell upon them, killing both. Thereafter no one knew where the spot was; even though their bishops searched many times, they could not find it. And there was great mourning for all Armenia.

Next [Timur] came to the Araratean country and Karbi and the Kotayk' country. He besieged the fortress of Bjni, took it and killed the bishop of the land, lord Vanakan, who was a wise and learned man, merciful and kind to all the poor. Furthermore, they tormented the entire multitude of believers with starvation, the sword, enslavement, and with unbearable tortures and bestial behavior they made the most populous district of Armenia uninhabited. Many people were martyred and were worthy of the crown; [they] are known only to the One Who receives them, Christ our God. May He crown them on the day that the flock of the righteous are rewarded. Amen.

Եւ առեալ զառ եւ զաւար եւ զգերիսն անթիւ, զոր ոչ որք կարէ ճառել զաղէտս եւ զդառնութիւն մերոյ ազգին: Եւ ընթացեալ բազում զօրօք ի Փայտակարան Տփղիս քաղաք՝ էառ զնա եւ գերեաց անթիւ եւ անհամար: Եւ կարծիք է թէ սպանեալն յոլով էր քան թէ ապրեալն. որ եւ անդ պատահեալ վարդապետն Ստեփանոս, մականուն Փիր, մազապուրծ եղեալ ի սպանմանէ:

Իսկ թագաւորն Վրաց Բագարատ անուն յազգէ հրէից, որք գերեցան յաւուրս թագաւորացն Բաբելացւոց, եւ բերեալ յազգս մեր՝ ի ձեռն Լուսաւորչին ի Քրիստոս հաւատացին եւ թուեցան ընդ իշխանսն մեր: Եւ թագաւորք եղեն յետ ցեղին Արշակունեաց Անւոյ եւ ամենայն Հայոց: Եւ ի նեղութենէ անօրինաց փախուցեալ ի տունն Վրաց՝ եղեն ուրացօղք ճշմարտութեանն եւ հաւատովքն քաղկեդոնիկք:

Եկն սա բազում ընծայիւք ի հնազանդութիւն պիղծ թագաւորին. եւ նա լցեալ չարութեամբ սատանայի ուրացոյց զնա, եւ առեալ գնաց ի Ղարաբաղ՝ ի ձմերոց առաջին թագաւորացն մերոց: Իսկ թագաւորն Վրաց, լըցեալ իմաստութեամբ Հոգւոյն սրբոյ՝ խաբեաց զնա եւ ասէ. «տո՛ւր ինձ զօրս բազումս, զի երթայց ի տունն Վրաց, առից զաշխարհն ամենայն եւ դարձուցից ի կրօնս ձեր, զի ութն լեզու է ազգն. զամենեսեան ի հնազանդութիւն եւ յօրէնս քո բերից»: Որ են այսորիկ՝ Դրալ, Օսէթ, Իմէրէլ, Իմերէլ, Ափխազ, Սօնք, Վրացի, Մեսխ: Եւ նա ուրախացեալ խլաթեաց զնա բազու պատուով եւ ետ ի նա զօրս բազումս: Նա յարուցեալ անթիւ զօրօք՝ եկն ի տունն Վրաց:

[Timur] took booty, plunder, and countless captives. No one can relate the disasters and bitterness of our people. Going with numerous troops to the city of Tiflis P'aytakaran, he took it and captured countless people; and it is believed that those killed outnumbered those left alive. Now it happened that the vardapet Step'annos nicknamed P'ir, was there [in Tiflis] and escaped death by a hairsbreadth.

[At that time] the king of Georgia was Bagarat[4] descended from those Jews who were captured in the days of the kings of Babylonia, brought to our people, converted to the faith of Christ by the Illuminator and then numbered among our princes. And they became the kings of Ani and of all Armenia after the Arshakuni clan. [Subsequently] harassed by the impious, they fled to Georgia, apostatized the truth, and became Chalcedonians doctrinally.

[Bagarat] came with numerous presents to submit to the detestable king, but [Timur], filled with satan's evil, made him apostatize and then took him and went to Karabagh to the winter residence of our first kings. Now the king of Georgia, filled with the wisdom of the Holy Spirit, tricked [Timur], saying: "Give me numerous troops so that I may go to Georgia, take the entire land and turn it to your faith—for the people speak eight languages—I shall subdue them all and bring them to your religion." The peoples [he referred to] are as follows: Dral, Osed, Imerel, Mekrel, Ap'xaz, Sonk', Vrats'i, and Mesx. [Timur] rejoicing, dressed him in a robe of honor, gave him numerous gifts and sent him off with many troops. With countless soldiers [Bagarat] came to Georgia.

---

4 *Bagarat V*, the Great (1360-95).

Իսկ Բագարատն այն յղեաց գաղտաբար առ որդիսն իւր Գորգի, Կոստանդին եւ Դաւիթ գալ ծածուկ ընդ առաջ նորա՝ օգնել ծնողին, զի կարասցէ փախչել ի ձեռաց նորա: Եւ իւր, առեալ զզօրս Չաղաթային, բերեալ ի նեղագոյն եւ ի կածան տեղիս. եւ որդիք թագաւորին, առեալ զճանապարհ ընթացիցն՝ սուր հանեալ կոտորեցին զբազումս ի նոցանէ, աւելի քան զ12,000, որպէս ասեն. եւ առեալ զհայրն իւրեանց՝ գնացին ի բնակութիւնս իւրեանց:

Իսկ պիղծ բռնաւորն Թամուր ի գարնանային յեղանակին առեալ զզօրս իւր՝ գաղտաբար եկն ի վերայ Թուրքմանին Ղարայ Մահմատին: Եւ նորա գիտացեալ՝ փախեաւ ի նմանէ: Եւ նա արագընթաց արշաւմամբ, իբրեւ զայծեամն զբազում աւուր ճանապարհն ի սակաւ աւուրս՝ եհաս ի վերայ նորա ի գաւառն Ճապաղջրոյ: Եւ նա յետս դարձեալ՝ մտին ի պատերազմ. եւ զարմանալի գործս գործեցաւ. զի հարեալ վանեցին զպիղծ բռնաւորն, եւ զգլխաւոր զօրաց նորա Լօղմաղան անուն սպանին եւ այլ բազում զօրս ընդ նմա:

Եւ նա յետս դարձեալ եկն ի յերկիրն Տարօնոյ Մուշ կոչեցեալ. իսկ երկիրն Քաջբերունեաց Արճէշ եւ Աղովիտ, տունն Խոռխոռունեաց Հանազահին եւ քաղաքն Մանազկերտ, Հարքնիս խոյս տուեալ ի Չաղաթայէն, եկեալ հասին յերկիրն Պալունեաց ի գաւառն Տարօնոյ՝ ի քնարան սուրբ Կարապետին Յովհաննու ի մեծահանդէս մայրաքաղաք ի վանսն Գլակայ Աստուոյ Զենոբայ վարդապետին:

Now this Bagarat secretly sent to his sons Gorgi,[5] Kostantin,[6] and David to come surreptitiously and help their father flee from Timur. [Bagarat] took Chaghatai [Timur]'s troops to the most narrow and tight places, while the king's sons held the expanse of the road. Putting their swords to work they killed many of them, more than 12,000 they say. Taking their father, they went to their dwelling.

Now in springtime the abominable tyrant Timur took his troops and secretly came against the Turkmen Ghara Mahmat.[7] The latter, informed, fled from him. But [Timur] through a fast-paced campaign, like a mountain-goat, reduced a journey taking many days to a short one, and came against [Qara Muhammad] in the district of Chapaghjur. The latter turned back, joined battle, and worked an amazing feat, for he drove out the filthy tyrant and killed the chief of his forces, Loghmaghan, and many other soldiers with him.

He turned back and came to [that part of] the country of Taron called Muş. Now the country of the K'ajberunis, Archesh, and Aghiovit, the most ancient seat of the Xorxorunis and the city of Manazkert in Hark' had been avoided [or bypassed] by Chaghatai.[8] [The Turkmens] arrived in the country of Paluni in the district of Taron, [where] the tomb of Yovhannes and At'anagines [are], at saint Karapet, at the glorious capital city, the monastery of the Syrian vardapet, Zenob Glak.

---

5 *Gorgi:* George VII.
6 *Kostantin:* Constantine I.
7 *Ghara Mahmat:* Qara Muhammad Turmush of the Qara-Qoyunlu Turkmens.
8 *Chaghatai:* Timur.

Եւ գրոհ տուեալ, խումբ առեալ, եկեալ ամենայն բազմութիւն Քրիստոնէիցն յերկրպագութիւն սուրբ Կարապետին Յովհաննու եւ Աթանագինեայ հայրապետին եւ սուրբ ճգնաւորացն Անտոնի եւ Կրօնիդեայ եւ եօթն խոտաճարակացն: Եւ վարդապետ ոմն Ստեփանոս եւ եպիսկոպոս ոմն Ներսէս ի գաւառէն Արճիշոյ, ի սուրբ ուխտէն Մեծոփայ, եւ ճգնաւոր վարդապետն Յակոբ, եւ Աբգար եպիսկոպոս սուրբ ուխտին, վառեալ յորդորեցին զամենեսեան ի սէրն Աստուծոյ եւ ի պատիւ սուրբ Կարապետին՝ խոստովանիլ զմեղս իւրեանց, եւ հաղորդիլ փրկական մարմնոյ եւ արեան Տեառն, եւ տօն մեծ կատարել, եւ ողորմութեամբ եւ ընծայիւք պատարագօք զբազմութիւն կրօնաւորաց սուրբ ուխտին մխիթարել: Իսկ եպիսկոպոսն Աբգար եւ վարդապետն Յակոբ աւելի սիրով ընկալան զուխտաւորսն մեր. եւ աղօթս արարեալ բազում աւուրս, բարեխօսութեամբ սրբոյն Յովհաննու եւ ամենայն սրբոց, օգնական լինել նոցա եւ ազատիլ ի գերութենէ չար բռնաւորին:

Իսկ զօրք Թուրքմանին կողոպտեցին զամենայն քրիստոնեայս մեր հրամանաւ Յուսփայ բռնաւորին. եւ զմընացեալսն ի յընչից եւ զամենայն բազմութիւնն ետուն ի յերաշխի յամիրայն Խութայ շէխ Շարաֆ անուն: Եւ նա առեալ, բռնութեամբ անցոյց ի գետն Եփրատ, եւ բերեալ մերձ ի գիւղն Հազգեղ: Եւ քրիստոնէիցն ապստամբեալ ոչ կամէին ելանել ի լեառն Խութայ եւ Սասնոյ. այլ խոյս տուեալ կամէին գնալ յաշխարհն իւրեանց: Իսկ նա բռնութեամբ եւ հարկանելով՝ ի խնամոց ողորմութեանն Աստուծոյ եհան զմեզ առ ի վեր լերինն Խութայ: Եւ նոյն օր հասին զօրք Չաղաթային ի վերայ մեր: Իսկ ողորմածն Աստուած, որ զկամս երկիւղածաց իւրոց առնէ եւ աղօթից նոցա լսէ, բարեխօսութեամբ սուրբ Կարապետին եւ ամենայն սրբոցն եհաս մեզ ի յօգնութիւն. զի Թուրքմանն Փիր-

Making an attack, a group of pilgrims were captured, pilgrims who had come to revere the holy places of Karapet, Yovhannes, patriarch At'anagines, the blessed hermits Anton, Kronides and the seven vegetarians. A certain vardapet Step'annos, a bishop named Nerses from the blessed congregation of Metsob in the Archesh district, the hermit vardapet Yakob and bishop Abgar of the holy congregation rousingly urged all for the love of God and the honor of saint Karapet to confess their sins and to commune in the redeeming body and blood of the Lord, to hold a great celebration, and to comfort the multitude of clerics at the holy congregation with mercy and sacrificial gifts. Now lord Abgar the bishop and vardapet Yakob received our pilgrims with greater love and prayed many days with the intercession of saint Yovhannes and all the saints, to aid them and free them from enslavement to the wicked tyrant.

Now the Turkmen army robbed all of our Christians at the order of the tyrant Yusup'.[9] What remained of the goods and the whole multitude they gave in security to the emir of Xut' named sheikh [Malik] Sharaf. He forcibly took them to the Euphrates River, close to the village of Hasdegh. The Christians, rebelling, did not want to ascend the mountain of Xut' and Sasun; rather, avoiding it, they wanted to go to their own land. Now [shaykh Sharaf] violently and with blows—by the care of God's mercy—forced us up the mountain of Xut'. And on the same day the forces of Chaghatai [Timur] fell upon us. But merciful God, Who works the will of those who fear Him and hears their prayers, through the intercession of saint Karapet and all the saints aided us. For the Turkmen named P'ir-

---

9 *Yusup'*: Qara Yusuf, son of Qara Muhammad Turmush.

T'OVMA METSOBETS'I

Հասան անուն, որոշեալ ի Ղարայ Մահմադէն այն, որ յետ ժամանակի սպան զնա եւ զորդին Բայրամ անուն, ի լեռնէն ի վայր իջանէին, եւ մեք ի լեառն ելանէաք:

Եւ նոյն ժամայն յանկարծակի գուժ դառնութեան եւ բօթ մահաբեր եկն եհաս առ մեզ, եթէ՝ զօրք Թամուրին էառ զվերջ Հիզանքուրանին: Աստ է տեսանել զաղէտ տարակուսանաց ամենայն քրիստոնէից զնդին. զի հայրն զորդին ուրացաւ եւ որդին՝ զհայրն, մայր՝ զդուստրն եւ դուստր՝ զմայրն, եղբայր՝ զեղբայր եւ սիրելի՝ զսիրելի. եւ գոչումն աղաղակի նոցա ելանէր յերկինս: Որ եւ ես ի ներս կայի: Եւ սկսան լալով աղաչել զԱստուած բարեխօս կարդալով զսուրբ Կարապետն Յովհաննէս եւ զսուրբ Առաքելսն Հրեշտակաբնակ ուխտին Ղազարու, եւ զսուրբ նշանն Յակոբայ Տեառնեղբօրն որ կայր ի վանքին: Եւ եհաս մաղթանք նոցա առաջի Աստուծոյ: Վասն զի թուրքմանն Փիր-Հասան կամէր ելանել ի ժողովարան եւ գնալ ի լեառն Մարաթու: Յանկարծակի եկեալ դիպեցան զօրացն Չաղաթային: Եւ նոցա ապաւինեալ յԱստուած եւ ի սուրբ ուխտարանն Ղազարու՝ բերեալ եզն մի դէմ յանդիման պատարագ մատուցին յանուն սուրբ Առաքելոցն, որ կայ անդ ի մասանց սուրբ աւետարանչին Ղուկասու եւ Անդրէի առաքելոյն եւ երկու աջ առաքելոցն Պետրոսի եւ Պօղոսի, զոր Սեղբեստրոս հայրապետն եւ թագաւորն Կոստանտիանոս ետուն Լուսաւորչին. անդ կայ ամփոփեալ: Եւ այս աւանդութեամբ առ մեզ հասեալ կայ թէ ի Ղազարու վանքն եղաւ:

Hasan who separated from Qara Muhammad (and later killed him and his son, Bayram) came down the mountain, and we ascended.

At the same time bitter and fatal news reached us that the Turkmen army had taken the village of Hizank'uran [Hizan]. There one could see disasters of anguish, for father disclaimed son, son, father; mother, daughter; daughter, mother; brother, brother; and lover disclaimed lover. And the clamor of their cries reached to heaven. I, too, was present. In tears they began to beseech God through the intercession of saint John the Baptist, the blessed Apostles of the congregation of angel-inhabited Ghazar, and the blessed cross of Jacob, Christ's brother which was in the monastery. Their request reached God. For the Turkmen P'ir Hasan wanted to depart and go to Marat'u mountain. All of a sudden, he encountered the troops of Chaghatai. And the people took refuge in God and brought to the blessed altar of sacrifice an ox which they sacrificed in the name of the blessed Apostles in the relics of the blessed evangelist Luke and the Apostle Andrew; and there are [to be found there] two right hands of the Apostles Peter and Paul which the patriarch Sylvester and King Constantine gave to [Gregory] the Illuminator. It is enclosed there. Tradition has come down to us that it was placed in Ghazar monastery.

Աստ էր տեսանել զքաջութիւն արանց մենամարտից. զի քաջասիրտքն գոչէին, թուլասիրտքն փախչէին, անարիքն տկարանային, սաղավարտքն փայլէին, սուսերքն շողային, նիզակքն բեկանէին, քաջք ընդ քաջաց ի մարտ մտին. եւ գոչումն աղաղակին սրտաբեկ առնէր զտեսողս պատերազմին: Աստ է տեսանել զողորմութիւնն Աստուծոյ եւ զպտուղ աղօթից եւ յուսոյ հաւատացելոց. զի առաքեաց Աստուած զօրս հրեշտակաց յօգնութիւն նոցա. զի երեք սպիտակափայլ արք հեծեալ ի սպիտակ ձի, գային ի վերայ օդոյս, եւ իջեալ խառնեցան ի զօրս Թուրքմանին, զոր պատմեաց մեզ հոգեւոր եղբայրն մեր Կարապետ կրօնաւորն, որ էր տեսեալ զտեսողսն: Եւ նոյն ժամայն բեկեալ խորտակեցաւ զօրութիւն Չաղաթային, զի մին մարդ ի Թուրքմանէն 100 ոգի սպան՝ Մարաֆ անունն: Եւ զօրացն արեւելից ի փախուստ դարձեալ, զահի հարեալ ի բազմութենէ սատակմանց իւրեանց եւ ի շփոթմանէ վրդովմանց մեծպատերազմին յանթիւ եւ յանհամար վախից ի վայր մղեալ զահավէժ եղեալ սատակեցան ի կորուստ. զոր եւ ասէին աւելի էր քան 2,000 ոգի: Եւ մեք զերծեալք ի նոցանէ որդովք եւ դստերօք, սկսաք ուրախութեամբ եւ ցնծութեամբ ի ձայն մեծ օրհնել զԱստուած՝ զթագաւորն թագաւորաց, զՅիսուս Քրիստոս զողորմածն քրիստոնէից, որ ազատեացն ի գազանացն արեւելից, եւ գոհութեան եւ օրհնութեան պատարագ Աստուծոյ ի բարձունս մատուցաք:

Բայց զարմանալի գործ մի գործեցաւ ի սմին աւուր, զի կին մի երկիւղած եւ հաւատարիմ մի Մուշ գաւառէ, ունելով որդի մի յոյժ պատուական եւ բաղձալի, եւ դէմք կերպարանացն իբրեւ զերեսս հրեշտակի, գոլով ամաց իբրեւ եօթանց կամ ութից, զի յելանել զօրացն արեւելից ի լեառն Խութայ, բազումք ի քրիստոնէից աստ եւ անդ փախուցեալ կային ի պրակս մայրիցն գաղտագողի:

Here one could see the bravery of men in single combat; for the brave-hearted roared, the faint-hearted fled, and the weak grew weaker. Helmets shone, swords flashed, spears broke, brave battled against brave and the noise of the clamor frightened observers of this war. Here one could see the mercy of God, the fruit of prayers and the hope of the believers. For God sent a force of angels to aid them: three glitteringly white men mounted on a white horse came from above, descended and joined with the Turkmen army, as relates our spiritual brother, the cleric Karapet (who saw the event). Then the strength of Chaghatai shattered and broke, for one of the Turkmens named Maraf killed one hundred men. The eastern army turned in flight, horrified by the multitude of their own dead and by the confusion of alarm at the great war. Fear-ridden, they fell off a precipice to their destruction, more than 2,000 people it is said. Meanwhile we, with our sons and daughters, free from them, began with joy and mirth in a great noise to bless God the King of kings, Jesus Christ, Who Has compassion, on the Christians, Who freed [us] from the beasts of the East. And we offered a mass of thanksgiving and blessing to God in heaven.

An amazing event took place in this time, for [there lived] a pious and faithful woman from the district of Muş who had an extremely respectable, desirable son, with a face like an angel, being about seven or eight years of age. Now when the eastern army ascended the mountain of Xut' many of the Christians fled hither and thither and were secretly staying in thickets of the forest.

Եւ տեսեալ զնոսա անօրինացն՝ արշաւեալ ի վերայ նոցա կամէին գերել զնոսա: Իսկ ողորմելի մայրն սրբասէր եւ երկիւղած յետս դարձեալ՝ տեսանէր զի գային զկնի, եւ մերձ էին առնուլ զմանուկն: Առեալ սուր ի ձեռին իւրում զենեաց զորդին ցանկալի եւ իբրեւ զգառն անմեղ պատարագեաց գառինն Յիսուսի Քրիստոսի փոխադարձ առնելով Հօրն երկնաւորի, որ զԱստուածորդին, զանարատ գառն իւր պատարագեաց զենեալ եւ խոցեալ ի վերայ քառաթեւ խաչին բարձրացեալ ի վերայ սրբոյն Գողգոթայի: Եւ ինքն մայր մանկան սակաւ մի յառաջ ընթացեալ՝ ել ի վերայ բարձրաւանդակ վիմի, ի վայր ընկէց զինքն եւ եհանզոգին գոհութեամբ, փառաւորելով զանունն Յիսուսի Քրիստոսի: Եւ զայս վասն այնորիկ արար, զի մի՛ երկուքնզրկեսցին ի Քրիստոսէ եւ սատանայի բաժին լինիցին. այլ Աստուծոյ լինիցին բաժին եւ հաճոյական պատարագ առաւել, քան զհօրն հաւատոյ մեծին Աբրահամու եւ քան զմայրն Շամունեայ, որ զեօթն որդիսն պատարագ մատոյց Աստուծոյ յորդորելով զնոսա յօժար կամօք մեռանել վասն Աստուծոյն մերոյ Մեսիայի. որոց անուանքն էին Անդրանիկ, Ակար, Մակար, Մակար, Խորէն, Խորսէն, Ամինադաղ, Գաղիէ: Եւ զայս վասն այնորիկ ետ թոյլ Աստուած զաղիս իւր սպանանել եւ Աստուծոյ պատարագել զի մի՛ միայն Աստուած Աբրահամու փառաւորեսցի եւ տամբ հնոյն Իսրայէլի: Եւ մի՛ հինն Իսրայէլ առաւել պարծեսցի քան զնորս Իսրայէլ՝ զհաւատոյ որդիք մեծին Աբրահամու եւ Լուսաւորչին Գրիգորի, որ էր ի մարմնաւոր թոռանցն հօրն հաւատոյ:

When the infidels saw them, they wanted to attack and capture them. Now the saint-loving, pious mother turned around and saw that those who were coming after her were gaining on her and were close to seizing the lad. Taking a sword in her hand she sacrificed her desirable son like an innocent lamb out of love for the lamb Jesus Christ, as the heavenly Father Who offered up His spotless lamb, the son of God, who was slaughtered and pierced on the Cross erected above holy Golgotha. Then the child's mother, going on a short while, ascended a high rock and threw herself off, dying, thankfully praising the name of Jesus Christ. She did this to prevent both of them from being deprived of Christ, and turning into satan's portion. Rather they would be God's portion and a pleasing sacrifice, more so than the father of faith, the great Abraham and more than the mother Shamun who offered [sons] as sacrifice to God, inspiring them to die willingly for God, our Messiah. These [sons] were Andranik, Akar, Makar, Xoren, Xorsen, Aminadab and Gaghie. And God permitted His beloved son to be killed and Himself worshipped not just that the God of Abraham or the house of ancient Israel be glorified. Let not the old Israel boast more than the new Israel of the faith of the sons of the great Abraham and of Gregory the Illuminator, who was of the corporal grandsons of the father of faith.

Եւ զայս մի՛ ոք երկբայութեամբ եւ կարծեօք դիտես-ցէ, զի մեք իսկ վարդապետօք եւ աշակերտօք գնացաք ի սուրբ Կարապետն, եւ դարձեալ եկաք ի Մուշ, եւ բերաք զտեսողն եւ զլսողն՝ զճգնաւոր հայրն զԴաւիթ կրօնաւորն, զհոգեւոր հարազատ սուրբ ճգնաւորին Բարթուղիմէոսի սուրբ Առաքելոցն Ղազարու վանացն. եւ ի նոցանէ զճշմա-րիտն ստուգեցաք, եւ ձեզ յիշատակ օրհնութեան Աստուծոյ թողաք:

Բայց արք գաւառին Սասնոյ եւ Խութայ հաւատաց-եալք եւ անհաւատք յազգէն Մարաց, քաջալերեալք ի միմ-եանց՝ դիմեցին ամենեքեան ի կողոպտել զաւար Չաղա-թային, եւ լցան աւարօք եւ գանձիւք նոցին:

Իսկ յերկրորդումն աւուր եկն Թամուրն ի Մուշ քա-ղաք, եւ կոչեաց առ ինքն զամիրայն նոցին: Եւ նա գնաց առ նա մեծագոյն ընծայիւք եւպատարագօք: Եւ նորա ա-սացեալ. «Եկ տար զմեզ ի Թուրքմանն»: Եւ նա առեալ տարաւ ի նոյն տեղի պատերազմին, եւ եցոյց զբազ-մութիւն կոտորելոցն: Եւ զահի հարեալ պշուցեալ հայէր եթէ զի՛նչ իցէ եւ որքան որք սրով խոցեալ էին. եւ դարձ-եալ ետես զնոյն արսն որք առանց սրոյ մեռեալ էին. եւ ասէ ի լսելիս ամենեցուն «այս ոչ է գործ մարդոյ. այլ գործ է Արարչին Աստուծոյ»: Եւ յետս դարձոյց զզօրս իւր եւ ասէ. «տա՛ր զմեզ ի վերայ նորա զի կարացից առնուլ զվրէժ իմ»: Ասէ. «ոչ է կարողութիւն մարդոյ ընթանալ զհետ նո-րա, զի ելեալ է ի լեառն Մարաթու. եւ թէ երթայցես՝ մեծ եւ անպատմելի վնաս գործէ քեզ»: Եւ հաւանեալ անօրի-նին՝ դարձաւ ի Բաղէշ քաղաք: Եւ ամիրայն Ամիր-Շարաֆ գնաց առ նա, եւ սիրով ընկալաւ զնա, եւ խաղաղութեան նամակ ետ նմա, եւ ազատութիւն եղեւ ամենայն աշխարհին:

Let no one doubt or suspect this [story] for we vardapets and students went to saint Karapet [monastery] and again came to Muş and brought someone who saw and heard it, the hermit father, the cleric Dawit', spiritual brother of the blessed hermit Bartholomew of the [congregation of] Holy Apostles, from Ghazar monastery. From them we ascertained the truth and have left you a testimony of the blessing of God.

But men from the district of Sasun and Xut', believers and unbelievers from the Mar[10] people encouraging one another, all turned to plundering Chaghatai's booty, and they filled up with their loot and treasures.

Now on the second day Timur came to the city of Muş and called its emir to him. The emir went with the greatest presents and gifts. And [Timur] said: "Come, take us to the Turkmen." [The emir] took them to the scene of that very battle and showed him the multitude of slain. Awestruck, [Timur] gazed at the sight, wondering at what had happened and at how many had been pierced by the sword. Then he saw those men who had died, but not by the sword.[11] [Timur] said in the hearing of everyone: "This is not the deed of man, but of God the Creator". He turned back to his troops and said: "Lead me against him so that I may take my revenge." [The emir] said: "It is not humanly possible to get at him for he has gone up Marat' mountain; and if you do go, he will wreak great, unbelievable damage on you." Accepting this, the infidel turned to the city of Baghesh [Bitlis]. Emir Sharaf went to him and received him affectionately and [Timur] gave him a letter of peace; and there was peace in all the land.

---

10 *Mar (Marats')*: sometimes transl. "Medes", refers to the Kurds.
11 *But not by the sword*: i.e., those who fell off the cliff.

Եւ անտի չուեալ եկն ի յԱրծկէ. եւ ի հասանելն ի դուռն քաղաքին ըմբռնեցին աբեղայ մի Կարապետ անուն ի գեղջէն Ջուղայու, որ գայր յԵրուսաղէմայ. եւ կապեցին զնա եւ տարան կապանօք: Եւ գերեալ քրիստոնէիցն հաստատութիւն եղեւ հաւատոյ ի Սմրղանդ քաղաքի: Եւ եղեւ եպիսկոպոս յետ ժամանակի, եւ ոչ հասաւ յաշխարհն յայն. այլ մեռաւ ի Սուլթանիա. քրիստոնէութիւնն կորեաւ անդ. զի յաւուրս որդւոյ Թամուրին Շահ-Ռուֆ անուն, յորժամ թագաւորեաց ի Հրէ քաղաք՝ զորդի իւր Ուլուխ պէկ եդ ի Սմրղանդ թագաւոր նոցա: Եւ ասորի դաշայ մի նեստորական գայ, մտանէ ի տուն իշխանի միոջ, եւ կեցեալ աւուրս ինչ առն նա վասն սպասաւորութեան, եւ անկեալ ընդ կնոջ նորա. եւ թողեալ զսպասաւորութիւնն՝ գնաց ի հեռաւոր տեղի. եւ գրով գրէ անդ եւ ասէ. սուտ է օրէնքն ձեր եւ առաջնորդն ձեր. զի ես եկի ի ձերում միջի, եւ զստութիւն օրինաց ձերոց ճանաչեցի, եւ զկանայս ձեր խայտառակեցի:

Եւ իշխանին առեալ զնամակն՝ տարաւ առ Ուլուխ պէկ ամիր զայն. եւ նորա հարցեալ թէ յորմէ՛ ազգէ եւ ի դաւանութենէ էր այրն այն: Եւ նա բարկութեամբ լցեալ՝ հրամայեաց զամենայն քրիստոնեայսն հանել ի հաւատոց եւ կամ մեռանել: Ոմանք զմահ յանձն առին սակաւիք, եւ բազումք ի հաւատոցն ելին: Եւ գնացեալ յեպիսկոպոսաց մերոց Յովհաննէս մականուն Չանկի վասն գերելոց՝ գըրեաց եւ զայս բօթ դառնութեանն եբեր մեզ. վա՜յ ինձ:

Thence [Timur] came to Artske. When he reached the gates of the city, they seized a monk named Karapet, from the village of Jugha, who was coming from Jerusalem. They bound him and took him in fetters. The captured Christians remained firm in the faith in the city of Samarqand. Subsequently there was a bishop [dispatched], but he did not reach that land; instead, he died in Sultaniyeh. But Christianity was lost there when Timur's son Sha-Ruf[12] ruled as king in the city of Herat, he set up his son Ulux-Beg as king in Samarqand. Then an impure Syrian Nestorian priest came and entered the home of one prince, staying some days with him for [religious] service, but slept with his wife. Leaving the attendance, he went to a distant place whence he wrote to them, saying: "Your precepts and your leader are false. I came among you, recognized the falseness of your precepts, and disgraced your women."

The prince took the letter to that emir Ullux-Beg. The latter inquired: "Of what people and creed is that man?" They replied: "The man is a Christian." [Ullux-Beg], filled with anger, ordered all Christians to apostatize or be killed. Some few chose death, while many lost the faith. Our bishop Yovhannes (nicknamed Ch'anki because of his captivity), went and wrote these bitter tiding and brought them to us. Vay!

---

12 *Sha-Ruf*: Shahrukh Mirza (1407-47).

Դարձեալ դարձցուք յառաջիկայ բանս մեր: Եկաւ չար գազան այն ի դուռն քաղաքին Արծկոյ. եւ իշխան քաղաքին Սահանդ անուն գնաց առ նա միջնորդութեամբ Հեր եւ Զարաւանդ գաւառին Օրդու Բուղայ անուն: Եւ յոյժ սիրեցեալ եղեւ ի նմանէ. եւ ազատեցաւ ի նմանէ երկիրն ամենայն եւ մնաց ի խաղաղութեան: Եւ ետ զԱրճէշ նմա. եւ վաղվաղակի ի սակաւ աւուրս եկին ամենայն երկիրն Արճիշու ի Խլաթ քաղաք, եւ հասեալ ի Ծղակք. յերեկոյէ մինչեւ ցառաւօտ քուրդն կողոպտեաց զտառապեալ երկիրն: Եւ եկեալ ի զօրաց Սահանդին՝ բերին ի յԱրծկէ քաղաք. ապա նոր սկիզբն եղին շինութեան, զի աւերեալ էր աշխարհն ամենայն ի զօրաց պիղծ եւ անօրէն Չաղաթային:

Եւ անտի չուեալ գնաց ի գաւառն Տոսպայ ի վերայ Վանայ ամրոցին Հայոց. եւ առ ժամայն ամիրայն Եզդին, յազգէն Սենեքարիմեանց, ոչ եկն առ նա. այլ ապստամբեալ ի նմանէ մնաց ի յամրոցին՝ հանդերձ ամենայն զօրօքն եւ բազմութեամբ քրիստոնէից: Եւ յետոյ իջեալ ի յամրոցէն՝ գնաց առ նա. եւ նորա կալեալ կապեաց զնա. եւ եկեալ ի վերայ ամրոցին՝ քառասուն օր ի նեղութիւն արկին եւ զբազումս սպանին ի զօրաց անօրէն Չաղաթային: Եւ նոցա նեղեալ ի հացէ եւ ի ջրոյ՝ ոչ կարացին կալ ի խսարին, եւ ետուն զբերդն ի ձեռս նոցա: Աւա՜ղ աղէտիս եւ դառն կսկծիս:

Let us again return to our former narration. That wicked beast [Timur] came to the gates of the city of Artske. The prince of the city, Sahand, went to him through the mediation of Ordu Bugha of Her and Zarewand district. [Timur] received him very affectionately and the entire country was freed of him and remained in peace. And he gave Archesh to him. Suddenly, in a few days, the entire land of Archesh came to the city of Xlat' and reached Tsghakk'. From evening to morning [the] Kurd(s) plundered the tormented country. Going to the troops of Sahand, they brought them to Artske city. Then they again commenced building, for the entire land had been ruined by the troops of the abominable and impious Chaghatai [Timur].

Then [Timur] went to the district of Tosp against the fortress of Vana Hayots'. But emir Ezdin ['Izz al-Din Shir] of the line of Senek'erim did not come out to him forthwith. Rather, rebelling from him, he stayed in the fortress with all the troops and a multitude of Christians. Subsequently, ['Izz al-Din], descending from the fortress, went to [Timur] who seized and bound him. Then going against the fortress, he subjected it to trouble for forty days, killing many of the defenders. Suffering from lack of bread and water they were unable to withstand the siege and surrendered the fortress. Alas the disaster and bitter affliction!

Աստ էր տեսանել զահ եւ զերկիւղ աւուրն դատաստանի, զլալումն եւ զողբումն ամենայն բերդին զի հրաման եղեւ ի չար բռնաւորէն զկանայս եւ զմանկունս առնուլ ի գերութիւն, եւ զհաւատացեալս եւ զանհաւատս ի բերդէն ի վայր ընկենուլ: Իսկ նոքա արժամայն կատարեցին զչար հրաման նորա. սկսան առհասարակ զամենեսեան ի վայր ընկենուլ. եւ այնքան բարձրացաւ մեռեալն, մինչ զի վերջին անկեալքն ոչ մեռանէին, զոր տեսաք աչօք եւ լուաք ականջօք մերովք ի սուրբ հօրէն՝ սրբազան արքեպիսկոպոսէն Տէր Զաքարիայէ եւ ի հօրէն վարդապետ Տէր Պօղոս կոչեցեալ, որ եւ նոքա ազատեցան լինելով ի բերդին. զի իշխան մի Չաղաթայ զիւր տուեալ բաժին զերիսն ազատ արար. եւ սակաւ մնացելոցն նա եղեւ պատճառ: Եւ լցաւ անմեղ արեամբ քրիստոնէից եւ այլազգեաց աշխարհն ամենայն շուրջ զգեկաւն: Իսկ Մուղրի մի յոյժ բարձրաձայն ելեալ ի մինարայն ի քաղաքին Բերկրոյ զղիամաթի սալայն ձայնեաց. Աստ որ դատաստանին հասաւ:

Եւ պղծոյն անողորմի միտ եդեալ ասէ. «զի՛նչ է ձայնն այն». ասեն մերձակայքն «որ դատաստանին հասեալ է որ Յիսէն առնելոց է. եւ զայն դու արարեր այսօր». զի ըստ նմանութեան փողոյ ձայն լալական գոչեաց Մուղրին: Ասէ. «բերանն այն բեկե՛ալ լիցի, սակաւ մի այլ յառաջագոյն գոչեալ էր՝ բնաւ երբէք մարդ ոչ սպանանէի»: Եւ նոյնժամայն հրաման տուեալ այլ մի՛ արկանել ի վայր զմնացեալսն. այլ ազատել զամենեսեան: Բայց ո՞վ կարէ պատմել զթիւ գերեացն եւ զսպանումն անմեղացն. այլ Աստուած միայն որ ստեղծ զամենայն եւ թուէ զամենեսեան, զի լցաւ աշխարհ ամենայն գերութեամբ Հայոց. մեռան քահանայք եւ աշխարհականք, հաւատացեալք եւ անհաւատք:

Here could be witnessed the fear and dread of the Day of Judgement, the weeping and lamenting of the entire fortress, for the evil tyrant had ordered that the women and children be taken into slavery and that believers and unbelievers be hurled down from the fortress. So much did [the valley below] fill up with the slain, that those hurled last did not die. We heard about this from the holy father, the blessed archbishop lord Zak'aria and from father vardapet lord Poghos, [people] who saw these things with their own eyes. They had been in the fortress but set free, since a Chaghatai [Timurid] prince had set free his share of captives, and thus was the cause of the few survivors. All the land around the keep became saturated with the innocent blood of Christians and foreigners. Now a certain Mughri[13] with an extremely loud voice ascended the minaret in the city of Berkri and cried out: "Ghiamat' i salayn": The Day of Judgement has arrived.

The loathsome, pitiless [Timur] listened and asked: "What is that noise?" People about him replied: "The Day of Judgement which Jesus will bring about has come; and you caused it, today." The mukri cried out like a wailing horn. [Timur] said: "May that mouth be broken; had it cried out a little earlier, I would never have killed a single man." At once he ordered that those remaining alive not be hurled down, and he freed all of them. But who can relate the number of captives or the killing of the innocent? Only God, Who created all, counted them all. For the entire world filled up with Armenian slaves. Priests, laymen, believers and unbelievers alike died.

---

13 *Mughri (mukri):* Qur'an reciter.

Եւ այս ամենայն եկն ի վերայ մեր վասն մեղաց մե-րոց, մանաւանդ ի ծուլութենէ կարգաւորաց եւ կարգաթող խաբեբայից: Եւ երթեալ դարձեալ ուստի եկեալ էր գերու-թեամբ եւ աւարաւ: Եւ յետոյ եկեալ սիրելեաց կոտորե-լոցն, եւ տեսեալ զանբժշկելի վէրս Հայոց՝ ողբ ի բերան առեալ աշխարհին. մին գոչէր. վա՜յ որդեակ իմ՝ մին ասէր. վա՜յ հայրիկ իմ՝ եւ լցաւ երկիր եւ աշխարհ լալով եւ ե-ղուկ կարդալով բովանդակ ամենայն կողմանք Վասպու-րական գաւառին, զի չի՛ք ոք որոյ ոչ գոյր սիրելի կամ բարեկամ անհետ եւ անգտանելի եղեալ ի սիրելեաց: Աւա՜ղ եւ եղո՜ւկ ամենայն Հայոցս, զի աւերեցաւ ամենայն եր-կիր. զի յԱրճշոյ մինչեւ ի տունն Վրաց եւ մինչ ի Կուր գետն Աղուանից շաղախեցաւ արեամբ անմեղաց երկիր ամենայն՝ չարչարանօք, սպանմամբ եւ գերութեամբ:

Եւ յետ գնալոյ նորա ի յաշխարհէս մերմէ եկն սով սաստիկ յաշխարհէս մեր եւ տարածեցաւ յամենայն տե-ղիս զի կերան զշունս եւ զկատուս, խորովէին զուստերս եւ դստերս. այր՝ զկինն, եւ կին՝ զայրն սպանանէին զմիմեանս եւ ուտէին եւ ոչ յազենային. եւ յետոյ ինքեանք մեռանէին: Զի ոչ կարեմ պատմել զդառնութիւնս մեր զոր տեսաք ա-չօք եւ լուաք ականճօք. զի ջնջեցաւ մարդկութիւնս, մա-նաւանդ Հայկազեան գաւառիս: Եւ կատարեցաւ տեսիլ եւ հրաման մեծին Ներսէսի որ ասէ. «յազգէն նետողաց ջըն-ջեցի՛ տունն Արամայ»: Այսքան առ այս:

All this befell us because of our sins, especially from the laxity of the clergy and the apostate cheats. [Timur] returned whence he came, with captives and booty. Then the dear ones of those slain came and saw the incurable wounds of Armenia, and they lamented for the land. One cried: "Vay, my son," another, "Vay, my father;" the country and land filled up with weeping and moaning, every single part of the district of Vaspurakan. For there was not a soul who did not have a dear one or friend vanished and unlocatable. Woe and alas for all Armenia, for the entire country was ruined. From Archesh to Georgia and to the Kur river in Aghuania was smeared with the blood of the innocent, with torture, killing and captivity.

After the departure [of Timur] from our land, a severe famine befell us, spreading everywhere. [The people] ate dogs and cats, then roasted their sons and daughters; man and woman killed one another, ate, but were not satiated, and subsequently themselves died. I cannot relate our bitterness which I saw with my own eyes and heard with my own ears. For human life was exterminated especially in the Haykazean district. The vision and command of the great [Catholicos] Nerses was realized, that, "the Nation of Archers will wipe out the house of Aram." So much on this for now.

Եւ աստ գիտելի է զի ոչ միայն սով մարմնական տըրաւ մեզ. այլ եւ սով հոգեւորական ոչ լսելով զբանն տէրունական. զի երկու դասատունք կային յաշխարհին Սիւնեաց, մինն ի սուրբ ուխտն Ապրակունեաց մեծ վարժապետին Գրիգորի՝ աշակերտի մեծին Յովհաննու Որոտնեցւոյ, որ 28 ամ աշակերտեալ էր. եւ երկու ամ էր, որ նստեալ էր յաթոռ վարդապետութեան ուսուցանելոյ. զի համշիրակ եղբայրք իւր գնացին ի նմանէ. մեծն Յակոբ գնաց յերկիրն Այրարատեան, եւ բնակութիւն իւր արարեալ զսուրբ ուխտն Սաղմոսավանից, որ 20 ամ աշակերտեալ էր Յովհաննու Որոտնեցւոյ: Եւ վարդապետն Գրիգոր գնաց աշակերտօք իւրովք ի գաւառն Եկեղեաց յԵրզնկայն. եւ այլք աստ եւ անդ ցրուեալ եղեն: Իսկ մեծն Գրիգոր սակաւ աշակերտօք իւրովք գնաց յԱպրակունեացն հնձան յաւուրս ձմերայնոյ. եւ ի գարնան եղանակին գնացեալ ի սուրբ ուխտն եւ ի շնորհալից յաթոռ Ստաթէի առաքելոյն, եւ ի տունն Օրբելեանց, առ իշխանն Սմբատ՝ որդին Իւանէի՝ թոռն Բուռթէլի: Եւ յետ ժամանակի ժողովեաց զբազում աշակերտս, եւ ողորմութեամբն Աստուծոյ լուսաւորէր զազգս մեր ճշմարիտ եւ ուղղափառ դաւանութեամբ եւ հաւատով: Արարեալ Հարցմունս՝ գրեաց պատասխանիս ընդդէմ ամենայն ազգաց, եւ երկու հատորս քարոզգիրս. մինն՝ ամարան, միւսն՝ ձմերան, եւ քաղուածոյս Հնոց եւ Նորոց եւ լուծմունս արտաքին գրոց, ոչ ելեալ անտի մինչ ց867 ամ մերս թուականի: Բայց պատճառաւ ինչ եկեալ յերկիրս Քաջբերունի

It should be known that it was not merely corporeal famine that was given to us, but spiritual famine, [for] not heeding the word of the Lord. Now there were two schools in the land of Siwnik', one at the blessed congregation of Aprakunik' [headed by] the great professor Grigor a student of great Yovhannes Orotnets'i for twenty-eight years. It was two years that he had occupied the doctoral chair, teaching. His closest brothers had left him: the great Yakob, who had studied with Yovhannes Orotnets'i for twenty years went to the Araratean country and settled in the holy congregation of Saghmosavank; and vardapet Grigor with his students went to Erznka in Ekeghets'eats' district; while others dispersed hither and thither. Now the great Grigor, with a few students, went to Aprakunik' in winter reaping time. In springtime he went to the blessed congregation and the grace-filled seat of the apostle Stat'e and to the house of the Orbeleans, to prince Smbat, son of Iwane, grandson of Burt'el. After a while he assembled many students, and by the mercy of God, illuminated our people with true and orthodox doctrine and faith. Creating hymns, he [also] wrote answers against all critics, as well as two volumes of sermons, one for summer, one for winter; selections from the Old and New Testaments, and explanations of secular writings. He did not leave there until 867 of the Armenian Era [1418]. But for some reason [he] came to the K'ajberuni

զի մեք երկոտասան եղբարք՝ աշակերտք մեծին Սարգսի եւ երկու ամ առ նա գնացեալ կացաք: Եւ ոչ գոյր անդորրութիւն եւ ոչ հանգիստ խաղաղութեան վասն անօրինաց չարութեան. եւ նա խոստացաւ մեզ ամենեցուն գնալ յԵրուսաղէմ, եւ առանձնացեալ ի զբաղանաց աշխարհիս՝ դաս ասել նոցա: Եւ դարձեալ վասն կապանացս անհնազանդ աթոռոյն Աղթամարայ քարոզեաց դառնալ ի հնազանդութիւն:

Դարձեալ՝ բռնաւորն Յուսուփ, տէրն Թաւրիզու, էառ զՈրոտն ի Սմբատայ իշխանէ. վասն բարեխօսութեան նոցա եկն. եւ նա ոչ լուաւ աղաչանաց վարդապետին: Եւ ամ մի լման բնակեցաւ ի սուրբ ուխտն Մեծոփայ. եւ ժողովեցան առ նա 10 վարդապետք եւ 80 աբեղայք. եւ ճըշմարիտ վարդապետութեամբ եւ դասիւ մխիթարեաց զնոսա. եւ ի միւս ամն ելեալ գնաց: Եւ ի նոյն ամին օրհասս մահուն եկն եւ կոչեաց զնա յերկնային քաղաքն: Եւ էր սա առատ եւ ճոխ բանիւ՝ ոչ գոլով նման նմա յազգս ամենայն, ո՛չ ի հինսն, ոչ ի նորս, երկրորդ Աստուածաբան, Յովհան Ոսկեբերան. մինչ զի ի յուսուցանելն եւ ի կափուցանելն զաչս իւր տեսանէաք այր ծերունի առ նա նստեալ: Եւ դարձեալ՝ երբեմն հաց եւ երբեմն խնձոր բաժանէր. եւ երանի՛ էր տեսողացն եւ լսողացն, որք զնա տեսանէին, զի դէմք կերպարանացն զարհուրելի էր, եւ բազում անգամ լսէաք ի մարդկանէ, թէ Քրիստոս այսպիսի ձեւով լինի եկեալ յաշխարհս: Եւ սա ազատեաց զերկիրն Արճշոյ ի կապանացն Աղթամարայ վասն տեսլեանն գիշերոյ: Այսքան առ այս՝ ելեալ ի կարգէ վասն պիտոյից վարդապետաց եկեղեցւոյ:

country. We [clerics], twelve brothers, who were students of the great Sargis, went and stayed with him for two years. There was neither tranquility nor the calm of peace, because of the wickedness of the infidels. [Grigor] promised all of us that he was going to go to Jerusalem and detach himself from worldly pursuits and teaching. Once again, regarding the excommunication of the disobedient seat of Aght'amar, he preached a return to obedience.

The lord of Tabriz, the tyrant Yusup' [Qara Yusuf], again took Orotn from prince Smbat. In order to intercede with them [Grigor] arrived. But [Qara Yusuf] did not heed the vardapet's pleas. For an entire year [Grigor] resided at the blessed congregation of Metsob. He gathered about him ten vardapets and eighty monks, and consoled them with correct instruction and doctrine. The next year he departed and that same year death called him to the Holy City. He was an eloquent and rich speaker, without an equal among all peoples in the past or present, a second John Chrysostom the theologian. While teaching and when closing his eyes we saw an old man seated by him. And sometimes he shared out bread, and sometimes apples. Lucky was the one who saw and heard him for he had an awe-inspiring appearance, and we frequently heard people say that Christ had come to earth in just such a form. [Grigor] was the one who freed the Archesh country from the fetters of Aght'amar through a night vision. So much about this. [We] departed from the narration for the edification of the vardapets of the Church.

Դարձեալ՝ դարձցո՛ւք ի յառաջին կարգ շարագրութեան պատմութեանս: Մեծ վարժապետն Սարգիս, որ ունէր զսուրբ ուխտն Աստապատայ: Եւ նա ելեալ անտի՝ եկն ի Հեր քաղաք սակաւ աշակերտօք ի նոյն ամի դառնութեան. եւ անդ անցոյց զաւուրս սովոյն եւ դառնութեանն նեղութեանն: Եւ ապա առաքեաց զմի յաշակերտաց իւրոց Յովհաննէս անուն, մականուն սաղաղ կոչեցեալ՝ այր սուրբ եւ մաքուր հոգւով, գնալ յերկիրն Քաջբերունեաց ստանալ ինքեանց տեղի բնակութեան: Եւ նա եկեալ յաստուածաբնակ եւ ի հրաշագործ ուխտն Տիրամօր Աստուածածնին ի մայրաքաղաք վանսն Սուխարայ, որ այժմ Խառաբաստայ վանք կոչի, առ երջանիկ եւ հեզահոգի այրն ցանկալի Տէր Զաքէոս՝ եպիսկոպոս գաւառին, տալ նոցա տեղի բնակութեան: Իսկ ի նոյն գիշերին զարմանալի տեսիլ ետես հոգելից աբեղայն վարդապետն Յովհաննէս, թէպէտ եւ վասն խոնարհութեան ոչ էր առեալ զաւազան վարդապետութեան, այլ ամենեցուն խրատիչ եւ ուսուցիչ էր բանիւ եւ գործով եւ առաքինութեամբ: Զի տաճարն սուրբ Աստուածածնին կանթեղօք լցաւ, եւ ամենայն կանթեղքն փայլէին նման արեգական. Եւ ժամատունն լուսով լապտերաց մոմեղինօք պայծառացաւ: Եւ նա զարթուցեալ ի քնոյն՝ օրհնեաց զԱստուած, եւ գոհութիւն ետ նմա, եւ ասէ ի միտս իւր. աստ հաճեցաւ Աստուած գալ բնակիլ մեծ վարդապետին Սարգսի, որ ունէր հոգի մարգարէութեան, եւ տեսլեամբ աչաց եւ դիմօք ճանաչէր զամենայն մարդ, եւ հեզութեամբ եւ խոնարհութեամբ ոչ գոլով նման նմա յորդիս Ադամայ: Ոչ եկեր զմիս եւ ոչ ըմպեաց զգինի զամենայն ժամանակս կենաց իւրոց՝ մինչեւ ցօր մահուան իւրոյ: Եւ դէմք կերպարանաց իւրոց աճաբեկէր եւ ամաչեցուցանէր զամենայն մարդ, մանաւանդ զազգս այլազգեաց, մինչ զի ազգ Չաղաթային յերկրպագութիւն գային նմա: Եւ աւետարանիչ եւ ուսուցիչ եղեւ աւետարանին քարոզութեան:

We now return to our historical progression. The great vardapet Sargis who headed the blessed congregation of Astapat, departed thence and came to the city of Her with a few students in the same bitter year. It was there that he passed those days of bitter, oppressive famine. [Sargis] sent one of his students, named Yovhannes (nicknamed Sadagh), a holy man with a pure soul to go to the K'ajberuni country to get a dwelling place for themselves. Yovhannes came to that wonder-working, divine dwelling place, the congregation of Tiramor Astuatsatsnin[14] in the capital (city) monastery[15] [monastic complex] of Surxar now called Xarabast monastery, to the blessed and meek man, the venerable lord Zak'eos, bishop of the district, so that [Zak'eos] give them a place of habitation. Now that very night the soulful vardapet-monk Yovhannes saw an astounding vision. (It is perhaps due to humility only that Yovhannes did not take the scepter of vardapet, but he was an advisor and teacher of all by words, deeds and virtues.) [He saw] the church of the blessed Mother of God filled with lamps, with each lamp blazing like the sun, and the belfry gleaming with the light of candle lamps. Awakening from sleep he blessed God and thanked Him, saying inwardly: "God is pleased that [we] came here to dwell with the great vardapet Sargis, a man with the soul of prophecy who recognizes everyone by the look of eye and face, a man without equal among the sons of Adam with regard to humility." Throughout his entire life until the day of his death, he ate no meat and drank no wine. His visage inspired awe and amazement in everyone, especially the foreigners, including Chaghatai's [Timur's] people who came to revere Yovhannes. He was an evangelist and teacher, preaching the Gospel.

---

14 *Tiramor Astuatsatsin:* "The Mother of God".
15 *Monastery: i.e.,* monastic complex.

Եւ եկեալ վարդապետն Սարգիս բնակեցաւ յաստուածաբնակ ուխտն սուրբ Աստուածածնին, եւ նստաւ յաթոռ վարդապետութեան: Եւ ժողովեցան առ նա բազումք ի գըրոց աշակերտաց, եւ ի կրօնաւորաց եւ յուսումնասիրաց աւելի քան 60 կարգաւորք եւ ուսամնականք: Եւ ուսոյց զամենայն ծովեզերս Վասպուրական գաւառիս ուսմամբ եւ գիտութեամբ եւ պատարագօք: Եւ տեսանէին զսուրբ ուխտն իբրեւ զվերինն Երուսաղէմ յ838 ամէ թուականիս մեր մինչեւ ց851 ամն: Եւ ապա բարուք մահուամբ հանգեաւ ի Քրիստոս եւ եդաւ ի շիրիմ տապանի մերձ առ եպիսկոպոսացն սրբազանից Խաչատրոյ եւ Զաքէոսի, ի փառս Աստուծոյ մերոյ:

Բայց գիտելի է զի բազում վիշտս կրեաց եւ դառնութիւնս վարդապետն Սարգիս յաշակերտաց իւրոց. զի յորժամ էր յերկիրն Սիւնեաց՝ Կարապետ անուն վարդապետ մի՝ մականուն ճագառակեր, դաս եդեալ զգիրս առաքինութեանց իւրեանց, եկն առ նա Աղթարմայ աբեղայ մի եւ ասէ ցնա. «ես երբեմն աբեղայ ի ձէնջ եղեալ եմ. բայց սատանայ կորոյս զիս եւ արար քաղկեդոնական, եւ սիրտ իմ հանապազ խոցի ի դէմս ձեր անարգութեան եւ հայհոյութեան. բայց գիտութի՛ն լիցի քեզ զի Կարապետն այն դաս եդիր զգիրս առաքինութեանց, եւ կամին գալ ի քէն բան հարցանել: Ահա՛ քեզ գիրք առաքինութեանց. զի պատասխանի տացես նոցա»:

Եւ նորա յոյժ ուրախացեալ փառս ետ Աստուծոյ մեծաւ գոհութեամբ: Եւ յետ երկուց աւուրց եկին երկու աբեղայք Աղթարմայ առ վարդապետն եւ հարցին. զի՞նչ է առաքինութիւնն եւ զի՞նչ է սահման նորին: Եւ նորա պատասխանեալ զուղիղն՝ գնացին առ վարդապետն իւրեանց:

Vardapet Sargis came and dwelt in the heavenly congregation of the blessed Mother of God and sat in the chair of doctoral teaching. He assembled about himself many students of writing, of the clerics and researchers, more than sixty clerics and scholars. He schooled the entire seacoast of the Vaspurakan district with learning and knowledge, services and masses. And people regarded the holy congregation as heavenly Jerusalem from the year 838 of the Armenian Era [1389] to the year 851 A.E. [1402]. He died a gentle death and passed to Christ. Sargis was buried in a tomb close to the holy bishops Xach'atur and Zak'eos, to the glory of our God.

But it is known that vardapet Sargis bore much grief and bitterness from his students. For when he was in the Siwnik' country, a vardapet named Karapet (nicknamed Chagaraker) had set as a lesson their [Roman Catholic] Book of Virtues. An Aght'arma monk came to him and said: "I was once a monk from among you, but satan ruined me and made me Chalcedonian and my heart is ever wounded by your disrespect and cursing [of Chalcedon]. But you should know that Karapet set as a lesson the Book of Virtues and they want to come to you to ask questions about it. Now here is the Book of Virtues so that you may reply to them."

Sargis, delighted, glorified God with great thanksgiving. Two days later, two Aght'arma monks came to the vardapet and inquired: "What is virtue and what is its definition?" He responded correctly, and they went to their vardapet.

Եւ դարձեալ գան միւսանգամ եւ ասեն. զի՞նչ է սահման հաւատոյս: Եւ նա ասէ զայն պատասխանի, զոր ուսեալ էր ի վարդապետաց: Եւ նոցա ամօթալից դարձան ի վանքն Քռնոյ: Իսկ աշակերտք մեծին Սարգսի ստիպեն զնա աղաչանօք դաս ասել զԳիրս նոցին առաքինութեանց. եւ նորա հեզահոգի եւ միամիտ գոլով, ապաւինեալ ի Հոգին Աստուած սկսանի դասիւ վարդապետութեան ուսուցանել զնոսա: Իսկ աշակերտք նորին տգետ գոլով՝ ոչ էին առեալ զճաշակ դաւանութեան սուրբ եկեղեցւոյ՝ զմեծի Լուսաւորչին Գրիգորի, զԱստուածաբանին Գրիգորի, զԱթանասի եւ զԿիւրողին եւ զմերոց աստուածաբանիցն զՍտեփաննոսին Սիւնեաց, զԱնանիայ Շիրակացւոյն, զՊօղոսի Տարօնացւոյն, զՅովհաննու, զՍարգսի Հաղբատացւոյն, զԴաւթի փիլիսոփային, զՄովսիսի քերթողահօրն, զԱսողնիկ թարգմանչի եւ զայլոց վարդապետաց սրբոց:

Եւ որոյ ոչ է առեալ զճաշակ ճշմարիտ վարդապետութեան՝ դիւրաւ սխալեալ մեռանի հոգւով, որպէս գառն, որ ոչ առնու զխախաց մօրն եւ զդալ՝ վաղվաղակի մեռանի. սոյնպէս եւ աշակերտք նորա վաղվաղակի տկարացան ի հաւատոց եւ կամէին Աղթարմայ լինել՝ ոչ գիտելով վարդապետին: Եւ տեսանէ ոմն ի քահանայից սուրբ ուխտին Ապրակունեաց, զազդումն սուրբ Հոգւոյն տեսլեամբ գիշերոյ յանուրջս երազոյ, զի գետն Երասխայ բարձրացեալ՝ եկն, տարաւ զաշակերտքն առ հասարակ եւ կորոյս զամենեսին: Իսկ վարդապետն Սարգիս եւ փակակալն Ստեփաննոս մազապուրծ եղեալ՝ զձեռսն ի ձերս արկեալ՝ ապրեցան ի հեղձուցանելոյ գետոյն: Եւ զարթուցեալ ի քնոյն եւ երթեալ առ վարդապետն եւ առ ճգնաւորն Մաղաքիա, պատմեաց զերազն եւ զամենայն խորհուրդ սուտ եւ թերահաւատ եւ խաբեբայ աշակերտաց նորա:

Once again, they came and asked: "What is the definition of faith?" And he replied with what he had learned from the vardapets. In shame [the questioners] returned to the monastery of K'rna. Now the students of great Sargis pleadingly forced him to lecture about their Book of Virtues. [Sargis] meekly and simply, taking refuge in the spirit of God, began to instruct them in doctrine. But his students, since they were ignorant, did not get the flavor of the doctrine of the blessed church of great Gregory the Illuminator, Gregory the Theologian, Athanasius, Cyril and our [Armenian] theologians Step'annos of Siwnik', Anania Shirakats'i, Poghos Taronats'i, Yovhannes, Sargis Haghpartats'i, Dawit' the philosopher, Movses k'ert'oghahayr,[16] Asoghik the translator and other blessed vardapets.

Now those who do not get the taste of correct doctrine, easily erring, die spiritually, just as a lamb soon dies if it does not take its mother's milk. Just in this fashion did Sargis' students quickly weaken in the faith and wanted to become Aght'arma, not knowing the vardapet. One of the priests at the holy congregation (the attendant and warden of the blessed congregation of Aprakunik') through the influence of the Holy Spirit saw a dream-vision in which the Erasx River[17] swelled up and approached, carrying off the students and destroying them one and all; while the vardapet Sargis and the warden Step'annos swam and escaped drowning in the river by a hairsbreadth. [The dreamer] awakening from sleep, went to the vardapet and to the hermit Maghak'ia and related to him the dream and the plan of his false and incredulous students.

---

16 *Movses k'ert'oghahayr:* Movses Khorenatsi.
17 *Erasx river:* Arax river.

Իսկ նոցա հարեալ զերեսս զմուրուսն ճողէին, զգլուխըսն հարկանէին, ողբս ի բերան առեալ իբր ի վերայ մեռելոց անմխիթար սգով լային զհոգեւոր մեռելութիւն կորստեան նոցին: Եւ ապա խորհուրդ ի մէջ առեալ մեծ վարդապետին՝ յուղարկէ զճգնաւորս Մաղաքիա առ մեծահամբաւ եւ հռչակաւոր վարժապետն Յովհաննէս մականուն Կախիկ՝ հասանել յօգնականութիւն հեզահոգի առն Աստուծոյ մինչ ոչ է տարածեալ գայթակղութիւն չարութիւն ագէտ աշակերտացն իւրոց առ աղթարմայ ուրացողքն ճշմարտութեան, եւ ոչ նոքա փախուցեալք եղեն:

Իսկ երջանիկ եւ երանելի վարդապետն Յովհաննէս ելեալ աշակերտօքն եւ բազմութեամբ քահանայիւք յերկրէն Որոտան, ի շնորհալից աթոռոյն Ստաթէի առաքելոյն՝ եկն յերկիրն Երնջակու ի սուրբ ուխտն Ապրակունեաց. եւ կոչեաց զամենայն կարգաւոր եւ զաշխարհական, եւ ստուգեաց ի նոցանէ զամենայն չարութիւն հաւանութեան ագէտ աշակերտացն, եւ հրամայեաց բերել զաշակերտսն, եւ դէմ յանդիման եղեն առաջի հրապարակին, եւ պարտաւորեցան: Եւ տարեալ եդին ի բանտի, եւ զոմանս յերկաթի հարեալ, եւ զոմանս բրածեծ արարին:

Եւ վարդապետն Սարգիս բան տրտնջման ասաց նոցա. եւ յետոյ ամենեքեան պատժեցան յԱստուծոյ, ոմանք գետակուր եղեն, ոմանք խայտառակեալ մերկս շրջէին, կէսք ի նոցանէ փախուցեալ գնացին յաշխարհն Ֆռանկաց, եւ ի նոցա միջին չարախօսութիւնս արարեալ՝ ի պղնձի եդեալ եփեցին. կէսք ի նոցանէ զղջացեալք ապաշխարեցին, որպէս Ատոմն Մոկացին, զի զղջացաւ եւ գնաց յԵրուսաղէմ, եւ դարձեալ եկն ի գաւառն իւր եւ զմարմնաւոր պատիժն կրեաց. սիրտն ծակեցաւ եւ տարի մի շունչ ելանէր ի սրտէն եւ ապա զղջմամբ աւանդեաց զհոգին:

Now they struck their faces and tore their beards, beating their heads and lamenting with inconsolable mourning as if for the dead, weeping for their spiritual death and destruction. The great vardapet then decided to send the hermit Maghak'ia to the renowned and celebrated vardapet Yovhannes (nicknamed kaxik) to come to the aid of this meek man of God before the scandal of the wicked ignorance of his students reached the Aght'arma, apostates of the truth, and [the students] not flee.

The blessed and venerable vardapet Yovhannes came with students and numerous priests from the Orotan country to the gracious seat of the apostle Stat'e, to the Ernjak country, to the blessed congregation of Aprakunik'. He summoned all clerics and laymen and ascertained from them all the evil of the ignorant students. He ordered that the students be brought and set opposite him in the square; and they were found guilty. They were placed in prison. Some were placed in fetters and some were beaten.

Vardapet Sargis grumbled about them, and subsequently all were punished by God: some drowned, some, disgraced, circulated around naked, half of them fled to the land of the Franks where they said wicked things and were placed into a copper [kettle] and cooked. Half of them sought repentance, such as Atom Mokats'i who repented and went to Jerusalem, returned to his district yet bore physical punishment, for his heart was punctured. And in a year, the air quit his heart and he gave up the ghost in repentance.

Յետ մահուան սորա յաջորդեաց զաթոռն վարդապետութեան երջանիկ եւ աստուածամերձ այրն ցանկալի հըրեշտակաց եւ մարդկան՝ պատկառելի քաջ վարդապետն Վարդան՝ գոլով ի սուրբ ուխտէն Հոգւոց վանաց, գեր ի վերոյ գոլով իմաստութեամբ եւ խրատուք եւ առաքինութեամբ քան զամենայն վարդապետս Հայոց. մինչ զի ասէին մարդիկ թէ հա՛րկ է զի մեռեալքն յառնեն եւ թողութիւն մեղաց ի սմանէ գտանեն, ի սեպհական աշակերտաց իւրոց: Եւ չորս ամ լուսաւորեաց ճշմարիտ վարդապետութեամբ եւ դասիւ զսուրբ ուխտն եւ զամենայն երկիրս Քաջբերունեաց: Որ եւ աղօթիւք սորին եւ եղբօր իւրոյ Եղիա Ճգնաւորին, որ առեալ էր զաստիճան սարկաւագութեան եւ զամենայն ժամանակս կենաց իւրոց կանգուն կայր եւ յաղօթս առաջի Աստուծոյ, աղբերացաւ մարմնական ընչիւք եւ ողորմութեամբ մայրաքաղաք վանքն Աստուածածնի եւ ամենայն երկիրս Արճիշոյ: Եւ ի հալածմանէ անօրինաց ելեալ գնաց աշակերտօք իւրովք յերկիրն Տոսպ. եւ անդ հանգեաւ ի Քրիստոս ի սուրբ ուխտն Սալնապատին յ855 թուականիս մերում. որոյ յիշատակն օրհնութեամբ եղիցի:

Եւ յաջորդեաց զաթոռ նորա մեծ վարդապետն եւ նահատակն եւ ողորմածն ամենայնի Գրիգոր՝ որդի հաւատարիմ առն Աստուծոյ ծերի, գոլով ի քաղաքէն Խլաթայ, յաշակերտացն մեծին Սարգսի՝ հոգեւոր հարազատ եւ համշիրակ իւր. բայց ոչ ի նոյն Սուխարու ուխտն Աստուածածնի այլ ի յերկիրն Բզնունեաց ի քաղաքն Արծկէ, ի սուրբ ուխտն Ստեփանոսի վկային Ցիպնայ կոչեցեալ:

After the death [of Sargis] the chair of the vardapetut'iwn was occupied by the blessed man, cherished by angels and mortals alike, the venerable, learned vardapet Vardan. [Vardan] was from the blessed congregation of Hogwots' monastery and was superior in wisdom, knowledge and virtue to all the vardapets of Armenia, so much so that people said that the dead should resurrect and seek forgiveness for their sins from him, [and] from his own students. For four years he illuminated the blessed congregation and the entire K'ajberuni country with correct doctrine and classes. By the prayers of [Vardan] and of his brother the hermit Eghis—who was a deacon who throughout his entire life stood praying before God—the capital city monastery of the Mother of God and the whole Archesh country gushed like a spring with temporal goods and mercy. However, persecuted by the infidels, he took his students and went to the Tosp country. There he reposed in Christ in the blessed congregation of Salnapat in the year 855 of the Armenian Era [1406]. Blessed be his memory.

His chair was then occupied by the great vardapet and martyr, compassionate to all, Grigor, son of an old man loyal to God. Grigor was from the city of Xlat', one of the students of the great Sargis, one of his close spiritual and hamshirak brothers. But [he did not occupy the seat] in the same Suxaru congregation of the Mother of God, rather in the city of Artske, Bznunik' country, at the blessed congregation of Step'annos the martyr, called Ts'ipna.

Այլ ոչ պարապեալ վարդապետական դասի վասն սառնացեալ բարուց ուսումնականաց մերում ազգի: Այլ տիւ եւ գիշեր գիրս գրէր, եւ զամենայն աղքատս կերակ-ռէր, եւ սիրէր զողորմածութիւն եւ զամենայն վարդապետ եւ զկարգաւոր ի նոյն յորդորէր: Ոչ գոլով նման նմա ողորմած եւ մարդասէր եւ սպասաւոր աղքատաց եւ տը-նանկաց: Եւ ետ նմա Աստուած իմաստութիւն առաւել քան ամենայն վարդապետաց. վասն զի զերից ժամանա-կաց պատմութիւնս ի լոյս ածէր ի հարցանելն եւ ի պա-տասխանատրութիւնս, եւ զգիրս սրբոց մարտիրոսաց եւ վկայիցն որ կոչի Յայսմաւուրց՝ սակաւաբան եւ անվթար շարադրեալ ի սրբոց հնոց եւ նորոց վարդապետացն ի լոյս էած, եւ զխաւարեալ դրունս եկեղեցւոյ մերոյ լուսա-ւորեաց. եւ ոչ ոք կարէ գիտել զիմաստութիւնն, որ ի նմա ծածկեալ կայ. այլ Աստուծոյ միայն է գիտելի: Եւ 50 ամ գիրս գրեաց տիւ եւ գիշեր անհանգիստ տքնութեամբ, որ-պէս գիտակ է գաղտնեաց գիտակն: Եւ բազում երգս գանձուց եւ տաղից յիշատակ թողեալ ինքեան՝ յոյժ տօնա-սէր եւ պատուող սրբոց մինչ զի ոչ եղեալ է եւ ոչ լինելոց:

Եւ հասեալ ի բարուոք ծերութեան աւելի քան զ75 ամ. եւ յ874 ամի թուականիս մերում էին պիղծ ազգն Մարաց ի յԱրծկէ քաղաք Հայոց, եւ գնաց յանապատն Ցիպնայ. եւ ըմբռնեալ զնա անօրինացն՝ յոյժ տանջեալ չարչարե-ցին. եւ նա ճշմարիտ դաւանութեամբ զՔրիստոս Աստուած եւ Տէր դաւանեալ խոստովանեցաւ. եւ նոյնժամայն զենին զնա իբրեւ զգառն անմեղ զերջանիկն եւ զերանելին Գրի-գոր փոխանակ գառին Քրիստոսի:

He did not occupy himself with doctrinal teaching because of the chilly behavior of the investigators among our people. Instead, day and night he wrote, fed all the poor, loved mercy and encouraged all the vardapets and clerics toward the same. He had no equal for compassion and humanity and as an attendant to the poor and destitute. God had given him wisdom superior to all the vardapets, for on three occasions he published histories in question and answer form, and books about the holy martyrs and witnesses called Yaysmawurk', concise and precise, composed by holy vardapets ancient and modern, thereby illuminating the doors of our darkened Church. No one could know the wisdom he concealed inside, only God. For fifty years he wrote books, day and night, with unquiet fervor, as someone who knew a secret. He himself left many canticles and verses. He was a man so loving of [religious] holidays and so reverencing of the saints that his equal has not and will not be met.

He reached deep old age, more than seventy-five years. Now in 874 A. E. [1425], the wicked Mar people came to Artske city in Armenia and went to the Ts'ipna retreat. The infidels seized [Grigor] and tortured him greatly. He confessed the correct doctrine of Christ God and the Lord. Just then they sacrificed him like an innocent, spotless lamb, the blessed and venerable Grigor in place of the lamb of Christ.

Եւ եհաս մարտիրոսական պսակի յոյժ մարտիրոսասէր գոլով. եւ եդին զնա ի սուրբ ուխտն Ցիպնայ Նախավկային Ստեփանոսի անուամբ կոչեցեալ: Եւ հոգեւոր հարազատն իւր՝ վարդապետն Յակոբ ճգնաւոր՝ այրն ցանկալի, եկն ամփոփեաց զնա հանդերձ հոգեւոր որդովք իւրովք Ստեփաննոս եպիսկոպոսաւ եւ աշակերտաւ. եւ նստաւ սպասաւոր նորա գերեզմանին ամ մի:

Եւ տկարացաւ, որպէս սահման է բնութեանս. եւ ի Համբարձմանն յաւուր վերացման ի բանն յայն զոր ասացին քահանայք: «Համբարձաւ Տէրն մեր յերկինս» աւանդեաց զհոգին իւր ի փառս Քրիստոսի Աստուծոյ մերոյ: Եւ յետ այսորիկ յետ երկու ամի նոյն Քուրդն յազգէն Մարաց ի Բաղիշու գնաց յերկիրն Ռշտունեաց, եւ զերջանիկ եւ զտօնասէր աղօթարար վարդապետն Յակոբ Ովսաննացի ի յԱնծղնապատի ուխտէն նահատակեալ եդին զնա մերձ գերեզմանին Գրիգորի Նարեկայ վանից: Եւ ի նոյն ամի վարդապետն Բաղիշու Ղազար՝ յոյժ հռչակաւոր եւ բանիբուն, աղօթարար եւ ճգնաւոր, փախեաւ յանօրինաց եւ գնաց ի լեառն Սասնոյ: Եւ տեսեալ զնա անօրէն ազգին Մարաց՝ ասեն. «դու ասես թէ՝ Քրիստոս Աստուած է». եւ նա ասէ. «Ես ասեմ եւ ուսուցանեմ. եւ այն որ ոչ ասէ եւ ուսուցանէ, գնայ ի կորուստն յաւիտենական»: Եւ նոքա հարեալ սրով սպանին զնա. եւ եհաս մարտիրոսական պսակաց: Եւ յառաջ քան զայս երից եւ չորից ամաց վարդապետ մի Թովմա անուն՝ աշակերտ Սիմէոն վարդապետին Ռշտունեաց, գիտակ մանր ուսմանց, սիրող սրբութեան եւ աղօթից՝ ի սուրբ ուխտէն Պուտլիկ վանաց, նետիւ հարեալ սպանին:

He who was such a great lover of martyrs received a martyr's crown. They buried him in the holy congregation called Ts'ipna [dedicated to] the proto-martyr Step'annos. His spiritual brother vardapet Yakob the hermit, a desirable man, came and buried him with his own sons, with bishop Step'annos and student, and attended his grave for one year.

He grew weak, [which is] the law of nature, and on Ascension Day, as the priests repeat "Our Lord ascended to the sky," he gave up his soul to the glory of Christ our God. Subsequently, two years later the same K'urd, from the Mar people of Baghish went to the Rshtuni country and the blessed, prayerful, solemnity-loving vardapet Yakob Ovsannats'i from the congregation of Antsghnapat was martyred. They placed him close to the grave of Grigor of Narek's monastery. And in the same year vardapet Ghazar of Baghish [Bitlis], a renowned, learned prayerful hermit, fled from the infidels and went to the Sasun mountains. But infidels from the Mar people found him. They said: "You say that Christ is God." He replied: "I say it and teach it, while he who does not say and teach it goes to eternal destruction." Striking him with a sword, [the infidels] killed him, but he received a martyr's crown. Some three or four months prior to this, they shot and killed with an arrow a vardapet named T'ovma, a student of Simeon vardapet of Rshtunik', a man learned in the subtlties of doctrine, a lover of holiness and prayer, from the blessed congregation of Putlik monastery.

Եւ քրիստոսական պսակաց արժանի եղեն: Այս չորս վարդապետքս յաւուրս մեր անօրէնք սպանին, որոց յիշատակն օրհնութեամբ եղիցի. Եւ աղօթիւք նոցա մեզ ողորմեսցի՛ Քրիստոս Աստուած: Այս էր յ874 թուականին աւելի կամ պակաս. դու անմեղադիր լեր, զի ծեր էի եւ յետ 50 ամաց սկսայ. վասն այսորիկ յետ եւ յառաջ գրեցի:

Դարձեալ ի յ844 թուականին շարժեցաւ պիղծ բռնաւորն Խորասանայ եւ եկն Բաղդատայ ճանապարհաւն, աւերեաց զՊաղտատ եւ զամենայն Ասորեստանեայս եւ զամենայն Միջագետս Տիարբակին. եկն յԱմիթ քաղաք. էառ զնա, եւ զմեծամեծսն հրով եւ սրով անասելի եւ անպատմելի չարչարանօք սպանին. եւ զփոքունսն՝ զայր եւ զկին գերեցին ամենայն աշխարհաւն իւրեանց: Եկն ի Մերդին, աւերեաց զքաղաքն, եւ Հնգետասան գեղ ուղղափառ եւ ճշմարիտ քրիստոնեայս գերեաց 3,000 տուն, եւ այլքն ամենայն 7,500 ամենեքեան գերեցան. եւ զչորս գեղս արեւորդի կռապաշտից զԾօլ, զԾմրշախ, զՍաֆարի, զՄարաշի ի սպառ կործանեաց: Եւ յետոյ դարձեալ սատանայի հնարիւք բազմացան ի Մերդին եւ ի յԱմիթ:

Եւ եկն դարձեալ յաշխարհն արեւելից եւ գնաց ի վերայ Երզնկայ քաղաքին. սիրով էառ զնա, եւ զմեծ կաթուղիկէն զսուրբ Սարգիսն ի հիմանէ քակեաց եւ զայլ եկեղեցիսն զամենայն կործանեաց չարախօսութեամբ Թախրաթան Պարոնին եւ այլ ամենայն Տաճկաց քաղաքին: Եւ վարդապետն մեր Գէորգ՝ աշակերտ Յովհաննու Որոտնեցւոյն, գնաց առ նա. եւ յահէ եւ յերկիւղէ պղծոյն շրթունքն պատառեցաւ, եւ արիւն իջանէր: Եւ լալով եւ արտասուօք յետս դարձաւ այրն Աստուծոյ վասն զի հրաման էր քակել զամենայն եկեղեցիսն. եւ սուգ մեծ եղեւ:

And they became worthy of Christian halos. Blessed be the memory of these four vardapets who, in our day, were slain by the infidels. Through their prayers may Christ have mercy upon us. This occurred in 874 A.E. [1425], more or less. You must forgive me, for I was old and commenced [writing] fifty years later. Therefore I wrote going backward and forward.

In 844 A.E. [1395], [Timur], the loathsome tyrant of Khurasan, moved yet again and came [west] by the Baghdad road. He destroyed Baghdad, all Asorestan, all of Mesopotamian Diyarbakir. He came to the city of Amida, took it, and killed the grandees with fire and sword, and unspeakable, unrecordable tortures. They took male and female children as captives to their own land. He came to Merdin, destroyed the city[18] and captured fifteen villages of orthodox and true Christians—3,000 homes—and others, all told, 7,500.[19] He totally destroyed four villages of the fire-worshipping Arewordi(k'): Shol, Shmrax, Safari and Marashi. But subsequently, through the strategems of satan, [the Arewordik'] again multiplied in Mardin and Amida.

[Timur] came east once again, going against the city of Erznjan which he took by the sword, destroying to the foundation the great cathedral of saint Sargis and ruining all the churches through the defamation of Baron Taharten[20] and all the other Tachiks in the city. Our vardapet Georg, a student of Yovhannes Orotnets'i went to [Timur], and from fear and dread of that abomination, his lips cracked and blood flowed down. [Georg], the man of God, returned with tears and wailing for the order had been given to pull down all the churches: and there was great mourning.

---

18 Mardin was not captured by Timur, but came to terms (Shahnazarean).
19 Four copies of manuscripts at the monastery of S. Lazzaro read 700 and 500.
20 Taharten, the Muslim Armenian governor of Erznjan, is also mentioned in Embassy to Tamerlane, written by the 15th century Spanish ambassador, Ruy Gonzales de Clavijo.

Եկն ի վերին կողմն աշխարհիս եւ նստաւ ի վերայ ամրոցին Բասենոյ Աւնիկ կոչեցեալ. էառ զնա, եւ զիշխան նոցին Մսիր անուն կապեաց, եւ 100 ոգի ի բերդէն ի վայր ընկէց անօրէնն, եւ մեռան: Եկն ի վերայ գաւառին Արարատեան, աւերեաց զամենայն զաշխարհն ամենայն կողոպտելով յընչից, նստաւ ի վերայ բերդին Բագրատունւոյ, էառ զնա եւ բաժանեաց 300 տաճիկս եւ 300 քրիստոնեայս ի միմեանց: Ասէին. զՔրիստոնեայսն սպանանեմք եւ զտաճիկսն ազատեմք: Եւ էին երկու եղբարք եպիսկոպոսի քաղաքին Մկրտիչ անուն՝ երթեալ խառնեցան ի գունդս Տաճկացն: Եւ սուր եդին ի վերայ սպանին զտաճիկսն եւ զհաւատացեալսն ազատեցին: Իսկ երկու քրիստոնեայքն աղաղակեցին եթէ մեք Քրիստոսի ծառայք եմք եւ հաւատացեալք եմք: Ասեն. դարխոռ սուտ խօսեցայք. վասն այնորիկ ոչ ազատեմք զձեզ եւ զերկուսն սպանին. եւ սուգ մեծ եղեւ եպիսկոպոսին թէպէտեւ ճշմարիտ հաւատացեալ մեռան:

Եկին ի վերայ ճակատուց երկրին՝ Սուրմառու եւ Կողբայ եւ ի վերայ Բառնակուտին եւ գաւառին Արճիշոյ: Այս երեք գաւառս ցրուեալ էին, առհասարակ զամենեսին կողոպտեցին, եւ ողորմութեամբն Աստուծոյ զերին ազատեցաւ ի ձեռաց նոցին: Եւ սով մեծ եղեւ ընդ ամենայն երկիր: Բայց ի նոյն օրն զիւղաքաղաքն Կողբայ կողոպտեցաւ: Քսան եւ հինգ գումէշ ի վերին Կողբայ ի քարէն ի վայր զինքեանս արկին ի գաւառին Արճիշոյ:

Coming to the upper part of the land [Timur] besieged the fortress of Basen called Awnik, took it, bound its prince named Msir, and the infidel hurled one hundred souls down from the fortress to their death. He went to the Araratean district, destroying the entire land and stealing the goods; he besieged and took the fort of the Bagratuni. [Here] he divided 30 Tachiks and 300 Christians from one another, saying: "We shall kill the Christians and free the Tachiks." Now two brothers of the city's bishop Mkrtich' went and mixed in with the Tachik group. Putting their swords to work they killed the Tachiks and freed the believers. Two Christians, however, raised a clamor, saying: "We are Christ's servants, and believers, they have spoken falsely." [The Timurids replied]: "Then we shall not free you"; and they killed the two of them. This caused the bishop great mourning, even though they did die as true believers.

[The Timurids] came against the Chakututs' country of Surmari and Koghb, against Barnakut and the Archesh district. They tore apart these three districts, universally robbing everyone, but by the mercy of God the captives were freed from their clutches. There was a great famine throughout the entire country. But in the same day the town of Koghb was robbed. Twenty-five buffaloes from upper Koghb were sent down the rock in the Archesh district.

Եւ քրիստոնեայքն սուր ի վերայ եղեալ զենուին. եւ բաժանեալ միմեանց պաշար առեալ յերկիրն Քաջբերունեաց հասին հանդերձ վարդապետօք եւ եպիսկոպոսօք եւ քահանայիւք եւ ժողովրդեամբ: Եւ եկեալ հասաք ի գաւառն Կոգովիտ ի գեղն Դարա: Անդ հանգեաւ սուրբ վարդապետն Ստեփանոս՝ աշակերտ մեծին Յովհաննու Որոտնեցւոյն, յընկերաց սուրբ վարդապետին Յովհաննու Մեծոբայ: Եւ եկեալ տեսաք զաշխարհս մեր աւերակ, թափուր եւ դատարկ յամենայն ընչից եւ պակասեալ ի հոգեւոր առաքինութեանց՝ ոչ ժամ եւ ոչ պատարագ: Եւ դարձեալ սկիզբն արարին շինութեանց: Զի տուեալ եղեւ երկիրս մեր պարոնին Արճիշոյ Սահանդ անուն: Եւ ի միւս ամին եկն Յուսուփ Թուրքմանն եւ վերստին աւերեաց զաշխարհս մեր. էառ զԱրճէշ քաղաք, եւ զՀիմաթ անուն Պարոն եղեալ երեսուն եւ չորս մարդով սպան վասն զի սպանեալ էր զՍտեփաննոս քահանայն՝ ձեռնաւոր քաղաքին: Եւ զմեծազգի տանուտէր մի Մուսէֆիր անուն նահատակեցին չարախօսութեամբ եւ նենգութեամբ անսէր քրիստոնէիցն: Եւ զքաղաքն ամենայն հրով այրեալ էր: Եւ ի նոյն աւուրս եկն տէրն Ոստանայ Ամիր Եզդին անուն՝ Չաղաթայիւք ի վերայ Յուսուփին. պատերազմեցան սակաւ աւուրս, եւ դարձեալ հաշտեցան:

Putting their swords to work, the Christians sacrificed them, divided up the provisions, and reached the K'ajberuni country, with vardapets, bishops, priests, and the people. We arrived at Dara village, in Kogovit district. It was here that the blessed vardapet Step'annos died, a student of the great Yovhannes Orotnets'i and friend of the holy vardapet Yovhannes Metsob. Arriving, we saw our lands ruined, vacant, and devoid of all goods and lacking in spiritual virtues [having] neither divine service nor mass. Once again, they commenced [re]building. Our country had been given to the paron of Archesh named Sahand. The next year [Qara] Yusuf the Turkmen came and again ravaged our lands. He took the city of Archesh and he killed the paron named Himat', together with thirty-four men, since he had killed the priest Step'annos, *dzernawor* of the city. Through the defamation and treachery of loveless Christians, they martyred a *tanuter* named Musefir, [scion] of a great family. And the entire city was burned with fire. Meanwhile, the lord of Ostan, emir 'Izz al-Din [Ezdin] with the Chaghatai [soldiers] came against Yusuf. They battled for a few days and then were reconciled.

Եւ ի միւս օրն Չաղաթայ Պարոն մի ի բերդէն Բասե-նու եկն 400 մարդով ի գեղն Աղի յօգնութիւն ամիրային. եւ եհարց զխաղաղութենէ նոցին. եւ նոցա պատասխան-եալ թէ ի հաշտութիւն եկին՝ գերեաց զգեղն Աղի ի մուտս արեւուն, եւ դարձաւ ի բնակութիւն իւր: Իսկ քրիստոնէիցն ի հետոս մտեալ, հողմ եւ փոշի արարեալ, զգերի եւ զաւարն թողեալ փախեան: Իսկ աստուածապաշտ այր մի՝ հարա-զատ մեր Յովհաննէս անուն կոչեցեալ, որպէս այծեամն հասեալ ի դաշտն Արճիշոյ՝ խաբար արար Յուսուֆին եւ եղբօր նորա Արալի անուն, հասեալ ի մէջ գիշերի՝ ըմբռնե-ցին զՉաղաթայն եւ զամենայն զօրս նորա կողոպտեցին, զոմանս սպանին, զիշխան նոցա Աթլամիշ անուն ձերբա-կալ արարին եւ ի Մսր յուղարկեցին:

Եւ մինչդեռ յայս տառապանս կային յաշխարհն մեր՝ յանկարծակի բօթ մահու եւ գոյժ լալոյ եհաս եթէ զօրք Չաղաթային զերկիրս մեր լցին: Աստ էր տեսանել զաղէտս տարակուսանաց եւ զահ եւ զերկիւղ անօրինաց. զի 15,000 մարդ յԵրիշատ գեղ հասեալ. մեք փախուցեալ՝ ի լեառն եւ ի ձորս դիմեցաք: Եւ գիտացեալ անօրինացն՝ 12 օր շրջա-պատեալ զլեառն իբրեւ զանասունս էրէոց որսացին եւ կալան զամենեսին. զոմանս սպանին, զոմանս գերեցին եւ զաշխարհս մեր հրոյ ճարակ ետուն: Եւ վարդապետն Յովհաննէս, աշակերտօք իւրովք մազապուրծ եղեալ գը-նաց ի գաւառն Ռշտունեաց. զերկու ամ անդ դադարեաց, եւ պատիւ մեծ ընկալաւ ի հաւատացելոցն Քրիստոսի:

The next day a Chaghatai paron from the fortress of Basen came with 400 men to the village of Aghi to help the emir. He requested peace from them and they replied that they had come in peace. He enslaved the village of Aghi until sunset, then returned to his dwelling place. Now the Christians pursued, stirring up sand and dust and [the enemy] left behind the captives and loot and fled. One pious man, our dear brother Yovhannes, [travelling] like a mountain goat, reached the plain of Archesh and informed Yusuf and his brother Arali who came in the middle of the night, seized Chaghatai, robbed all of his troops, killing some, arresting their prince At'almish, and sending him to Egypt.

While there was this anguish in our land, suddenly bad tiding of death and tidings worthy of tears reached [us] to the effect that the troops of Chaghatai [Timur] had filled up our country. Here one could witness calamities of grief, fear and dread of the infidels. Then 15,000 men arrived at Erishat village. We fled into the mountains and valleys, but the infidels knew about this and surrounded the mountain for twelve days and, as though hunting deer, they caught everyone. Some they killed, some they enslaved, and our lands were given over to fire. Vardapet Yovhannes with his students escaped by a hairsbreadth and went to the district of Rshtunik'. He remained there for two years and received honor from Christ's believers.

Եւ անօրէնն Յուսուփ փախեաւ ի Չաղաթայէն յ844 թուականէն մինչ ց855, այլ ոչ կարաց գալ յաշխարհս մեր: Իսկ յ846 թուականին առաքեաց Թամուրն զշեխ Ահմատ անուն Չաղաթայն յաշխարհս մեր. եւ նա եկեալ ի խնդրելոյ վարդապետացն մերոց մեծին Սարգսի Սորբեցւոյ եւ Յովհաննէս վարդապետին՝ Մեծոփայ վանիցն առաջնորդի, շինեաց զաշխարհս մեր աստի եւ անտի ժողովելով, եւ յոյժ բարեբարոյ եւ քրիստոնեասէր գոլով: Եկին ամենայն ցրուեալքն, եւ սկիզբն արարին շինութեան: Եւ ծաղկեցաւ ուսումնականօքն ի ձեռն խաղաղութեան ողորմութեամբն Աստուծոյ մետասան ամ ծովափոլորս:

Իսկ յ850 ամին հանգեաւ ի Քրիստոս մեծ վարդապետն Սարգիս ալեւորեալ եւ լի աւուրբք: Եւ յաջորդեաց զաթոռ նորա սքանչելի այրն Աստուծոյ՝ աշակերտ նորին մեծ ճգնաւորն եւ վարդապետն Հայոց Վարդան, զամս չորս. եւ լուսաւորեաց եւ պայծառացոյց զգաւառս Արճիշոյ՝ զվերջինն առաւել պայծառ քան զառաջինն: Եւ ժողովեցան առ նա բազում աշակերտք առաւել քան 60 կրօնաւորք ի մեծահանդէս ուխտին եւ ի մայրաքաղաք վանսն Տիրամօր Աստուածածնին: Եւ լուսաւորեալ պայծառացոյց զհոգիս ամենեցուն ժամօք եւ պատարագօք, ուսմամբ գրոց եւ սաղմոսերգութեամբ զամս չորս: Եւ փախուցեալ յանօրինաց եւ երթեալ ի սուրբ Սալանապատ՝ եհաս օր վախճանի նորա: Եւ անդ եղեալ կայ մարմին նորա. եւ հոգի նորա վերացաւ ի կառս քերովբէից եւ սրովբէից եւ ի կարգս համասեռից Աստուածաբան վարդապետացն մերոց եւ լուսաւորչաց, որոյ յիշատակն օրհնութեամբ եղիցի. եւ աղօթք նորա ի վերայ ամենայն աշխարհի. ամէն:

The impious Yusuf fled from Chaghatai during the years 844 to 855 of the Armenian Era [1395-1406] and was unable to come to our lands. Now in 846 A.E. [1397], Timur sent the Chaghatai sheikh Ahmad to our lands. He came searching out our great vardapets Sargis Sorbets'i and Yovhannes vardapet, director of Metsob monastery. He built up our lands, collecting [the dispersed] here and there, and was extremely kind and philo-Christian. All the dispersed came forth and commenced reconstruction. And for eleven years, in peace, through the mercy of God, the land blossomed forth with scholars.

Now in 850 A.E. [1401], the greyed and aged great vardapet Sargis reposed in Christ. He was succeeded on his throne by his student, that marvellous man of God, the great ascetic and vardapet of Armenia, Vardan, [who held the position] for four years. He illuminated and made the district of Archesh blaze more than before. There assembled about [Vardan] numerous students, more than sixty clerics, in the imposing congregation and chief monastery of Tiramor Astuatsatsin. And for four years he illuminated and made resplendent the souls of all, with divine service and mass, with the study of the Bible and psalmody. [Vardan] fled from the infidels and went to blessed Salnapat where he died and was buried. His soul rose in a chariot of cherubim and seraphim to the ranks of our theologian vardapets and illuminators. May his memory be blessed and his prayers upon the whole world. Amen.

Եւ որք մնացեալ աշակերտաց նորա՝ թողեալ գնացաք ի գաւառն Սիւնեաց, առ մեծն Գրիգոր՝ վարդապետն ամենայն Հայոց, երկրորդ լուսաւորիչն եւ աստուածաբանն գեր ի վերոյ գոլով ամենայն իմաստասիրաց եւ վարդապետաց հնոց եւ նորոց: Որ եւ նա ուրախացեալ յոյժ՝ սիրով ընկալաւ զմեզ իբրեւ զորդիս իւր սիրելի հոգեւոր եւ բաղձալի. զի հայր նորա էր ի գաւառէն Քաջբերունեաց ի քաղաքէն Արճիշոյ: Եւ նորա ժողովեալ զբազումս յաշակերտաց իւրոց՝ զՄխիթարն ի Տաթեւոյ, զՅովհաննէսն ի յԵղեգեաց ի վանաց Հերմոնի, զԳալուստն ի Վաղանդնու Սիւնեաց սուրբ Կարապետէն, զՍիմէօնն ի Սիւնեաց, զՅակոբն Բոստացի, զԳրիգորն Արարատեան, զԳրիգորն եւ զՄատթէոսն Ջուղայեցի, զԱւետիսն ի յԱստապատէ, զԵղիայն ի յՈծոպոյ, զՅովհաննէսն ի Վաղանդնու վանացն, զՈւնան ի Շամախոյ, զՅովհաննէս կարմիրն ի Կապանայ: Եւ էին երեք յաշակերտացն յայլ տեղիս. Մատթէոս Տփխեաց ի սուրբ ուխտն Գանձասարու, Մկրտիչն ի Փայտակարանէ, Ստեփանոսն ի Թաւրիզոյ: Եւ քահանայս բազումս աւելի քան զ60 ոգի. եւ սկսաւ ուսուցանել զգիրս արտաքին իմաստասիրացն:

Եւ ապշեցոյց զամենեսեան առաւել քան զիմաստունսն Հելլենացւոց: Եւ ապա զչորեքտասան թուղթսն Պօղոսի առաքելոյն եւ զԱռ որս գիրս Աստուածաբանին Գրիգորի: Եւ էր սուրբ ուխտին առաջնորդ հեզահոգին եւ ընտրեալն յորովայնէ՝ սուրբ եպիսկոպոսն Տէր Առաքել եւ մեծ իմաստասէրն քուերորդին մեծ վարժապետին, որ ունէր զմիտքն իբրեւ զհրեղինաց, եւ էր սիրող ամենայն առաքինութեանց:

His orphaned students departed, and we went to the district of Siwnik' to the great Grigor, vardapet of all the Armenians, [our] second Illuminator and theologian without equal among all the ancient and modern scholars and vardapets. [Grigor] was delighted and received us affectionately, like his beloved, desired spiritual sons, for his father was from the city of Archesh, in the K'ajberuni district. Assembling many of his students: Mxit'ar from Tat'ew, Yovhannes from Ekegheats' Hermon monastery, Galust from st. Karapet [monastery] in Vaghandni Siwnik', Simon from Siwnik', Yakob Bostats'i, Grigor Araratean, Grigor and Matt'eos Jughayets'i, Awetis from Astapat, Eghia from Otsop', Yovhannes from Vaghandni monastery, Unan from Shamasa, Yovhannes *karmir*[21] from Kapan. There were also three students from other places: Matt'eos Uxtets'i, from the blessed congregation of Gandzasar, Mkrtich' from P'aytakaran, and Step'annos from T'awriz, and more than sixty priests.

[Grigor] began teaching the writings of secular philosophers, and astonished all of them, more so than the wise men of the Hellenes. [They studied also] the fourteen letters of the Apostle Paul, and the work of Gregory the Theologian [which is called in Armenian] Arh Ors. The director of the blessed congregation was the holy bishop lord Arak'el, a man chosen from the womb, the scholarly sister's son of the great doctor who had a fiery mentality and was a lover of all virtue.

21 *Karmir:* "red".

Եւ երկոտասան եղբարք, աշակերտք մեծին Սարգսի, մեք էաք որ յետ մահուան նորա գնացաք յաշակերտութիւն նորա. առաջին՝ Յակոբ, Մարգարէ, Յովհաննէս, Մկրտիչ, Կարապետ, Մելքիսէթ. Սարգիս, Մատթէոս, Կարապետ եւ ես անարժանս Թովմա: Եւ երկու ամ զմեզ մխիթարեաց Աստուածաշունչ գրովք: Եւ ի հալածմանէ անօրինացն շարժեցաւ ի գաւառէն Սիւնեաց առեալ զմեզ՝ եկն ի գաւառս Արճիշոյ: Եւ արարեալ իւր բնակութիւն զաստուածահաճոյ ուխտն Մեծոբայ առ հեզահոգի եւ աստուածաբան եւ երջանիկ այրն Աստուծոյ վարդապետն Յովհաննէս. եւ յոյժ ուրախացաւ, վասն զի ի նոյն ամին 858 աւարտեալ էր զնորաշէն տաճարն սուրբ Աստուածածնին:

Եւ ժողովեցան առ նա բազումք ի վարդապետաց. Գրիգոր նահատակն եւ սուրբ այրն Խլաթեցի, Յակոբ Ովսաննացի ի Ռշտունեաց, Մարգարէն ի Վարագայ, Յակոբ ի յԱսպիսանկու, Յովհաննէս ի Փափլինոյ, Ստեփաննոս ի Բերկրոյ, Մկրտիչն ի Հիղնայ, Յովհաննէսն ի Բաղիշոյ, Սարգիս վարդապետն ի Յարութենէն, Մելքիսէթն ի յԵրզնկու, եւ ի քահանայից եւ յաշակերտաց աւելի քան 80 աբեղայ: Եւ զամ մի լման մխիթարեաց զամենայն եղբարսն անձառելի մխիթարութեամբ: Եւ զերիս գիրս մեկնեաց դասին՝ զԱւետարանն Յովհաննու աւետարանչին, զգիրս Յոբայ նահատակին եւ զգիրս գրչութեան երկոքեան վարդապետացն՝ Գէորգայ Լամբրոնացոյն եւ Արիստակէսի:

We were the twelve brothers, students of great Sargis who became [Griqor's] students after Sargis' death: Yakob, Margare, Yovhannes, Mkrtich', Karapet, Melk'iset', Sargis, Matt'eos, Karapet, and I, the worthless T'ovma. [Grigor] comforted us for two years with the Bible. Persecuted by the infidels, he moved from the district of Siwnik', taking us along, to the district of Archesh, and he established his residence in the God-pleasing congregation of Metsob, by vardapet Yovhannes the meek theologian and blessed man of God. And he was delighted, for in that very year, 858 A.E. [1409] the new church of the blessed Mother of God was completed.

There assembled about [Grigor] numerous vardapets: the martyr Grigor, the holy man from Xlat', Yakob Ovsannats'i from Rshtunik', Margare from Varag, Yakob from Aspisnk, Yovhannes from P'ap'lin, Step'annos from Berkri, Mkrtich' from Hizan, Yovhannes from Baghesh,[22] Sargis vardapet Yarut', Melk'iset' from Erznka[23] and among the priests and students, more than eighty monks. For a full year he comforted all the brothers with indescribable joy. In class he commented on three books: the Gospel of John the evangelist, the Book of Job the martyr, and the writings of the two vardapets, Georg Lambronats'i and Aristakes.

---
22 *Baghesh:* Bitlis.
23 *Erznka:* Erznjan.

Եւ ի սոյն ժամանակի ի խնդիր ելեալ վասն կապանաց Աղթամարայ. եւ մեծահանդէս ժողով արարեալ արձակեաց զամենեսեան ի կապանաց հինգ կաթողիկոսացն մերոց: Եւ վերակացու եւ նախախնամող էր երջանիկ եւ երանելի ճգնաւոր վարդապետն Յովհաննէս Մեծոբայ վանիցն, որ կայր ի վերայ բազմութեան եղբարցն եւ կերակրէր զամենեսեան հացիւ եւ հանդերձիւ. եւ կայր ի մեծի փառաւորութեան սքանչելի այրն՝ Յովհաննէս վարդապետն մեր: Եւ այս էր ի թուականիս մեր 868 ամի: Իսկ յետ ամի միոյ եկեալ աշակերտք նորա կացին ժամանակ ինչ եւ զաղտագողի առեալ գնացին ի գաւառն Այրարատեան, առ մեծ վարժապետն Յակոբ Սաղմոսավանից՝ հօգեւոր հարազատն իւր: Եւ մեք ամենեքեան՝ վարդապետք եւ աշակերտք, ելեալ գնացաք առ նա: Եւ եկեալ դարձեալ աշակերտք նորա ի Սիւնեաց ի սուրբ առաքելոցն Տաթէոյ իմաստասէր եպիսկոպոսն եւ վարդապետն տէր Առաքել՝ տարաւ զնա: Եւ յետ ութն աւուր գնալոյ նորա հիւանդացաւ եւ փոխեցաւ յաստի կենացս ի հանդերձեալն. որոյ յիշատակն եղիցի օրհնութեամբ, եւ աղօթիւք նորա Քրիստոս մեզ ամենեցուն ողորմեսցի՛:

Իսկ սքանչելի այրն Աստուծոյ Յովհաննէս վարդապետն մեր ի սոյն աւուրս հանգեաւ ի Քրիստոս, եւ տարեալ եդաք ի մեծահանդէս ուխտն Հայոց թառ՝ գերեզմանակից նոր վկային Յովսեփայ եւ Եղիայ վարդապետի նոցա: Եւ սուգ անբժշկելի մնաց ի վերայ երկրի մերում, մեզ եւ ամենայն բնակչաց անապատին եւ գաւառին, զի ոչ եղաք արժանի սուրբ նշխարաց նորա, թէպէտ եւ աղօթք նորա եւ բարեխօսութիւն է ընդ ամենայն ծագս երկրի, ամէն:

In the same period, the matter of the excommunications of Aght'amar became a question. Holding a very solemn meeting, [Grigor] freed all [from the excommunications] of our ancient Catholicoi. The overseer and provider was the blessed, venerable, ascetic vardapet Yovhannes of Metsob monastery, who supervised the multitude of brothers, clothed all, and fed them with bread. Our vardapet Yovhannes, the wonderful man of God, lived in great glory. This occurred in the year 868 A.E. [1419]. Now after one year, his students came to him, remained a short while, then secretly took him to the Araratean district, to the great vardapet Yakob of Saghmosavank', his spiritual brother. We, all the vardapets and students, went to him. Again [Grigor's] students came from Siwnik's [monastery of the] blessed Apostle Stat'eos. The learned bishop and vardapet, lord Arak'el, took him. Eight days after his departure, he grew ill and passed from this life to the next. Blessed be his memory and may Christ have mercy on all of us through his prayers.

Now our wonderful vardapet and man of God, Yovhannes, reposed in Christ on the same day. We took him and buried him in the glorious monastery of Hayots' T'ar, between the neo-martyr Yovsep' and Eghia, their vardapet. An inconsolable grief descended over our country, over us and all the inhabitants of the retreat and district, for we were not worthy of [receiving] his blessed remains, although his prayers and intercession penetrate every crevice of the country. Amen.

Այս երջանիկ եւ աստուածահաճոյ վարդապետս Յովհաննէս եւ բարի օրինակս ամենայն առաքինութեանց եւ եկեղեցւոյ վարդապետաց էր ի գաւառէն Քաջբերունեաց, ի գեղաքաղաքէն Զարիշատու, բարեպաշտ եւ աստուածասէր ծնողաց զաւակ՝ սրբասէր քահանայի միոյ Ներսէս անուն: Եւ խնդրեաց յԱստուծոյ եւ խոստացաւ նմա եթէ լինիցի նմա զաւակ, տացէ զնա Աստուծոյ, փոխարէն անձին իւրոյ: Իսկ որ զկամս երկիւղածաց իւրոյ առնէ՝ բարեբարն եւ մարդասէրն Աստուած, ետ նմա զաւակ բարի, եւ ետ զնա յուսումն Աստուածաշունչ գրոց յաստուածաբնակ սուրբ ուխտն եւ գեղեցկազարդ անապատն Աստուածածնի Մեծոբայ վանք վերաձայնեալ, առ հրեշտակակրօն եւ ճգնաւոր այրն Աստուծոյ նահապետ կրօնաւորն: Իսկ նորա վարժեալ եւ ուսեալ զՍաղմոսն Դաւթի եւ զմանր ուսումն եկեղեցւոյ: Եւ տեսեալ զնա հեզահոգի եւ սրբազան արհի եպիսկոպոսն Տէր Ներսէս՝ կոչեաց զնա յաստիճան քահանայութեան. Եւ նա ետ զանձն իւր յընծայ Աստուծոյ. եւ կրթէր ի վարս ճգնութեան՝ մանաւանդ ի յերկս եւ յաշխատանս Աստուածային գրոց գեր ի վերոյ գոլով ամենայն ընկերակցաց իւրոց: Եւ շարժեալ ի Հոգւոյն սրբոյ կամէր եւ ցանկայր հասանել վարդապետական իմաստութեան: Եւ ոչ գոյր վարդապետ ի ծովեզերեայս Վասպուրականին:

Yovhannes, this blessed, God-pleasing vardapet, a model of all virtue and [a model] to the vardapets of the Church, was from the district of K'ajberunik', the town of Zarishat. The son of pious, God-loving parents, [his] father's name was Nerses, a priest who loved the saints. He beseeched God, promising that should he have a son, he would devote him to God in his stead. Benevolent and humane God, Who works the will of those who fear Him, gave [Nerses] a good son, and [Nerses] gave him over to study of the Bible at the blessed, heavenly retreat, the beautiful congregation of the Mother of God, the renowned monastery of Metsob, with the ascetic man of God, Nahapet, a cleric of angelic worship. He studied and grew learned in the Psalm of David, and the minor studies of the Church. The meek and blessed archbishop lord Nerses saw [Yovhannes] and called him [to assume] the station of priest. He gave himself as a gift to God. He taught the habits of asceticism especially from the books and works of Scripture [in a manner] superior to all of his comrades. Moved by the Holy Spirit, he wished to aspire to the *vardapetal* learning, but there was no vardapet to be found in coastal Vaspurakan.

Ապա միաբանեալ հետ սրբասէր եւ բարեբարոյ քահանայի միոյ Ստեփանոս անուն, որ եւ նա աշակերտեալ էր վարդապետին Մովսիսի ի նոյն անապատէ: Եւ ելեալ գնացին առ մեծ վարդապետն Յովհաննէս մականուն կախիկ, յերկիրն Սիւնեաց ի յՈրոտն գաւառ, որ իբրեւ արեգակն փայլէր ընդ ամենայն ազգս հայոց, եւ լուսաւորէր զամենեսեան Աստուածային գիտութեամբ. եւ կայր ընդդէմ հերձուածողաց աղթարմայից երկաբնակաց: Եւ յոյժ սիրեցեալ եղեն ի նմանէ իբրեւ զհրեշտակ Աստուծոյ: Եւ ընկերակից նորա Ստեփաննոս զերիս ամս աշակերտեալ՝ ետ նմա գաւազան իշխանութեան գալ մխիթարել զբազմութիւն քրիստոնէիցն եւ վանորէիցն անխրատից, զի անտերունչ էր գաւառն այն: Իսկ երանելի այրն Աստուծոյ Յոհան զերկոտասան ամ առ նա դադարեալ, աշակերտակից ունելով զմեծ վարդապետն Գրիգոր եւ բազում վարդապետս եւ աշակերտս: Եւ նա ուխտ եդեալ էր անձին իւրում եթէ տացէ ինձ Աստուած իշխանութեան կարգ վարպետութեան՝ վկայ ինձ Միածին Որդին լիցի, որ մօր նորա Աստուածածնի Կուսին տաճար շինեմ յոյժ հրաշալի:

Իսկ մեծ վարժապետն Յոհաննէս յ835 թուականին ետ նմա զգիրս աւացուածոց վարդապետական կարգի ի բերան առնուլ, զի տացէ նմա հրաման իշխանութեան: Եւ ի նոյն ամին յանկարծակի տկարացեալ հիւանդացաւ, եւ կամ եղեւ Արարչին գնալ առ նա. կոչեաց զմեծ վարդապետն եւ զընկերակիցսն նորա, եւ օրհնեաց զնոսա ամենայն հոգեւոր եւ աստուածային օրհնութեամբ, եւ եդ զԳրիգոր ամենեցուն գլուխ եւ ուսուցիչ, եւ յանձն արար զվարդապետն Յովհաննէս տալ նմա վարդապետական իշխանութիւն եւ առաքել յաշխարհ իւր:

So he joined with a saint-loving and kind priest named Step'annos, who had studied with the vardapet Movses from the same retreat. They went to the great professor Yovhannes, nicknamed kaxik in Orotn district, Siwnik' country, who shined like the sun amidst all the Armenian people, illuminating everyone with divine knowledge. He also resisted the diophysite Aght'arma heretics. They were greatly loved by him like an angel of God. His companion Step'annos, studying for three years, gave him the scepter of authority to go and comfort the multitude of Christians and monks who had been without counsel, for that district was lordless. Now Yovan, that venerable man of God, stayed with him for twelve years, having for fellow-students the great vardapet Grigor and many vardapets and students. He vowed with his life that should God grant him the authority of the rank of vardapet, the Only Begotten Son would be a witness that he would construct a marvelous church to His Mother, the Virgin Mother of God.

Now in the year 835 of the Armenian Era [1386], the great vardapet Yovhannes gave him the divine writings of the doctrinal order to learn by heart, so that he receive the diploma of authority. But that same year he suddenly grew weak and ill, and it was the Creator's will that he go to Him. He summoned the great vardapet and his comrades, blessed them with a completely spiritual and divine blessing, and designated Grigor as the chief and teacher of them all. He entrusted [to Grigor] vardapet Yovhannes, so that he be given the vardapetal authority and be sent to his own land.

Իսկ նորա, յետ մահուան մեծին Յոհաննու, արար մեծահանդէս կոչումն, եւ ետ նմա վարդապետական գաւազան, եւ առաքեաց յերկիր իւր վարդապետական ճոխութեամբ եւ աշակերտօք յետ աւերման վերին կողմանն ի չար բռնաւորէն Թամուր Չաղաթայէն: Եւ եկեալ նորա ի սեպհական գաւառ իւր ուրախութեամբ եւ ցնծութեամբ: Եւ ելին ընդ առաջ նորա մեծ վարժապետն Սարգիս ի մեծ ուխտէն Խառաբաստայ աշակերտօք իւրովք եւ ամենայն բազմութեամբ հաւատացելոցն. եւ յետոյ եկն ի հայրենի տուն իւր ի սուրբ ուխտն Մեծոփայ վանք, յաւուր Նոր Կիւրակէին:

Աստ է տեսանել զուրախութիւն անապատին սրբոյ եւ ամենայն ընկերաց իւրոց զի տեսանէին զնա իբրեւ զլուսաւորիչն Գրիգոր եւ կամ զՂազար՝ սիրելին Քրիստոսի, յարուցեալ ի մեռելոց: Եւ յերկրորդ ամին սկիզբն արար շինութեան սուրբ եկեղեցւոյն վասն դաշանց եւ ուխտին եղելոյ. եւ ոչ պատահեցաւ, զի ոչ գոյր իմաստուն ճարտարապետ ի գաւառ իւր: Իսկ նորա համբերեալ ժամանակ ինչ, մինչ ի Տեառնէ լինիցի աջողումն գործոյն. բայց զարդարեաց զսուրբ ուխտն ժամօք, աղօթիւք եւ պատարագօք, ընթերցմամբ գրոց եւ ուսումնականօք, եւ գեղեցիկ կարգաւորութեամբ՝ ծառօք եւ տնկօք իբրեւ զդրախտն Եդեմական: Եւ գային հաւատացեալքն եւ շարժէին ի բարին, եւ ասէին. ահա տեսաք զԵրուսաղէմ: Եւ քաղցրութեամբ աւետարանին վարդապետութեան լուսաւորեաց զշրջակայսն Վասպուրական գաւառիս: Մանաւանդ ճգնաւորական վարուք եւ տքնութեամբ անցուցանէր զկեանս իւր, մինչ զի զամենայն ժամանակս իւր զգլուխն իւր ոչ եդ ի սնարս. այլ գիրս ի ձեռին ունելով, այնու անցուցանէր զպանդխտութիւն կենցաղոյս դառնութեան:

Now [Grigor], after the great Yovhannes' death, convened a very solemn meeting and gave [to Yovhannes] the vardapetal scepter and sent him to his country with vardapetal wealth and students, after the destruction of the upper region [of Armenia] by the wicked tyrant Timur Chaghatai. [Yovhannes] came to his own district with joy and gladness. Then the great vardapet Sargis from the grand congregation of Xarhabast came before him, with his students and the entire multitude of believers. Next [Yovhannes] came to his paternal home, the blessed congregation of Metsob monastery on New Sunday [Octave of Easter].

Here one could observe the joy of the blessed retreat and of all [Yovhannes'] comrades who looked upon him as Gregory the Illuminator or Christ's beloved Lazarus, risen from the dead. At the start of the second year, [Yovhannes] commenced construction of the blessed church [to fulfill] the pledge and oath he had made. However, there was no skilled architect in his district. He patiently waited a while for the Lord to aid the work, meanwhile he embellished the blessed congregation with services, prayers, and masses, with reading Scripture and studying, and with the beautiful arrangement of trees and plants, [making Metsob] like unto the Garden of Eden. Believers came and were moved to goodness, saying: "Lo, we have seen Jerusalem." Preaching the doctrine of the Gospel, he illuminated the Vaspurakan district and its environs. He spent his life in asceticism and in sleepless vigils, and he never laid his head on a pillow. Rather, book in hand, he passed through the exile of this bitter world.

Եւ այնուհետեւ ետ նմա շնորհս բժշկութեան Տէր Յիսուս: Զի զցաւս եւ զհիւանդութիւնս փարատէր ի յախտաժետաց Աւետարանին ընթերցմամբ եւ ձեռն դնելով ի վերայ տկարաց, ո՛չ միայն հաւատացելոց այլ եւ անհաւատից: Եւ կատարէր Քրիստոս զխնդրուածս նորա վասն սերտ հաւատոյն, զոր ունէր առ Քրիստոս, եւ յուսոյ հաւատացելոցն: Եւ վասն այսորիկ սիրեցեալ լինէր ի յանհաւատիցն եւ ի հաւատացելոցն իբրեւ ճշմարիտ այր Աստուծոյ: Այլ եւ յոյժ տագնապէր հոգի իւր վասն շինութեան սուրբ եկեղեցւոյն:

Իսկ որ զկամս երկիւղածաց իւրոց առնէ՝ եւ աղօթից նոցա լսէ: Այր մի ի գերութենէ Թամուրին ազգաւ Հոռոմ Ֆարաճ անուն եկեալ էր ի Մերդին քաղաք՝ յոյժ իմաստուն եւ ճարտար շինող: Յղեաց եւ կոչեաց զնա, եւ սկիզբն արար շինութեան սուրբ եկեղեցւոյն յաւուրս Չաղաթային յորմէ ամենայն եկեղեցիք Հայոց ի հիմանց քակեալ լինէին: Եւ թէպէտ բազումք ի յանհաւատիցն մախացեալ լինէին, եւ միանգամ կամեցան քակել անհաւատքն զառաջին հիմնարկութիւն ի քաղաքին Արճիշոյ. այլ Չաղաթայն գայր եւ անձամբ առնոյր ի վերայ անձին իւրոյ զքարինս, եւ բերեալ դնէր ի հիմն սուրբ եկեղեցւոյն. զթշնամին սուրբ եկեղեցւոյն նկուն եւ ասի ի բերան առնէր Աստուած: Եւ յեօթն ամի վճարեաց Աստուած աղօթիւք վարդապետին եւ աներկբայ յուսովն զոր ունէր առ Քրիստոս միաբանութեամբ սուրբ ուխտին որք զանձիս իւրեանց ետուն Աստուծոյ եւ սուրբ եկեղեցւոյ Տիրածին Կուսին: Յ851 թուականին սկսաւ, եւ յ858 ամին աւարտեցաւ յեօթն ամին ի փառս Քրիստոսի Աստուծոյ մերոյ. ամէն:

Thereafter lord Jesus bestowed upon [Yovhannes] the gift of healing, for he drove away pains and sicknesses from the ill by reading the Gospel and by the laying of his hands on the weak; and not only on believers, but on unbelievers, too. Christ granted his requests because of the firm faith which he had in Christ and the hope in believers. For this reason he became dear to unbelievers and believers alike, as an honest man of God. But his soul was greatly concerned about constructing the blessed church.

Now [God] works the will of those who fear Him and He hears their prayers. A man named Faradj, of Roman nationality who [was free] from the captivity of Timur came to the city of Mardin. He was an extremely skilled and competent builder. [Yovhannes] sent for him and began constructing the blessed church in the days of Chaghatai who had razed to their foundations all the churches of Armenia. Despite the fact that many unbelievers bore ill will and once wanted [to demolish] the initial foundation in the city of Archesh, nonetheless Chaghatai came and personally bore rocks, bringing them and placing them on the foundation of the blessed church. And God vanquished and confounded the enemies. In seven years God completed it, with the prayers of the vardapet and the unwavering hope which he had in Christ with the unity of the blessed congregation [whose members] gave their lives to God and the holy church of the Virgin Mother of God. [The church] was begun in the year 851 of the Armenian Era [1402] and completed in 858 A.E. [1409], in seven years, to the glory of Christ our God. Amen.

Եւ ի սոյն ամի եկն վարժապետն Գրիգոր վարդապետօք եւ աշակերտօք. եւ գնացեալ դէմ ընդ առաջ հոգեւոր ծնօղին իւրոյ, եւ բերեալ ի յանապատն իւր՝ հանգոյց զնա ի բազում աշխատութեանց իւրոց: Եւ ժողովեցան առ նա բազում վարդապետք եւ աշակերտք՝ մետասան վարդապետք եւ 80 կրօնաւորք, որպէս յառաջագոյն գրեցաւ. եւ պայծառացեալ լուսաւորեաց աստուածային վարդապետութեամբ զամենեսին իբրեւ Փրկիչն մեր Յիսուս, որ նստէր ի լերինն եւ ուսուցանէր զամենեսեան երանութեանցն վարդապետութեամբ: Իսկ սուրբ վարդապետն Յոհաննէս անճառելի ուրախութեամբ զուարճանայր եւ ի սպասու կայր պիտոյիցն պակասութեան. եւ ասէր առ Քրիստոս. «Տէ՛ր Յիսուս՝ ես զմայր քո պատուեցի, դու զիս պատուեցեր վարդապետօք եւ հոգեւոր հօր իմով եւ գրոց աշակերտօք, գրագրօք եւ ճգնաւորօք եւ ճշմարիտ ուսումնականօք, եւ ի նաւակատիս տաճարի մօր քո առաքեցեր զնոսա: Զի՞նչ տաց քեզ փոխարէն եւ հատուցումն, զի ոչ ինչ ունիմ աղքատիկս, բայց միայն օրհնեմք եւ գովեմք զԱմենասուրբ Երրորդութիւնդ եւ զմայր միածնիդ, զի արժանի արարեր զիս հասանել յաւարտ տաճարիս: Եւ այս ոչ է բաւական միայն օրհնել զի դու ի հրեշտակաց եւ ի հրեշտակապետաց հանապազ օրհնաբանիս. այլ զանձն իմ իսկ եդից ի վերայ քո. այլ երթեալ քարոզեցից յականճս անհաւատիցն թէ սուտ է առաջնորդն ձեր, եւ դուք մոլորեալ էք ընդ նմա ի կորուստն անգիւտ: Դարձարո՛ւք ի Քրիստոսն իմ եւ տեսէ՛ք թէ ո՛րքան պարգեւս բարեաց պարգեւեսցի ձեզ»:

In the same year professor Grigor came with vardapets and students. [Yovhannes] went before his spiritual father, brought him to his retreat and recruited him into his numerous projects. Many vardapets and students gathered about him, eleven vardapets and eighty clerics, as was written above. He radiantly illuminated all with divine doctrine, like our Savior Jesus Who sat on the Mount and taught the Beatitudes. Now the holy vardapet Yovhannes rejoiced with indescribable joy and attended to providing what was needed. And he said to Christ: "Lord Jesus, I honored Your Mother, and You honored me with vardapets and my spiritual fathers with the writing of students, with scribes, ascetics, and true scholarship and You sent them on the occasion of the consecration ceremony of the church of Your Mother. What shall I give You in return and recompense? For I am a poor man and have nothing; but we shall only bless and praise the most holy Trinity and the Mother of the Only Begotten since You made me worthy of achieving the completion of the church. But it is not enough just to bless You, for You are exalted by angels and archangels. I have given my life to You and furthermore I have gone and preached to the unbelievers that 'Your leader is false and you, having become fanatics with him [are travelling] the road to unequaled destruction. Turn to my Christ and you will see with what gifts He will reward you'".

Եւ ոչ թէ միայն ի ծերութեան ժամանակին քարոզէր անհաւատիցն սուտ եւ խաբեբայ գոլ զնոսա. այլ զամենայն ժամանակս իւր անահ, աներկիւղ նախատէր զնոսա եւ զկորուսիչ առաջնորդն նոցա: Եւ ոչ ոք իշխէր մխել ի նա ձեռս, ո՛չ իշխան եւ ո՛չ որք ընդ իշխանութեամբ. այլ սարսէին ի պատկառելի դիմաց նորա, զի կենդանի նահատակեալ էր զմարմին իւր պահօք եւ աղօթիւք եւ ամենայն սրբութեամբ:

Իսկ մեծ վարդապետն Գրիգոր օրհնեաց զաշխարհս մեր, եւ առեալ զաշակերտս իւր՝ ելեալ գնաց ի գաւառն Արարատեան: Եւ վարդապետն Յովհաննէս եւ ամենայն աշակերտք զհետ նորա ընթացաք: Եւ անտի ելեալ գնացաք ի շնորհալից աթոռն իւր ի սուրբ Առաքելոյն Ստաթէոսի: Եւ աւուրս ութ առողջ մնացեալ. եւ ապա կոչեաց զնա առ ինքն վերին Կոչողն տալ նմա զաշխատութեան վարձս յաւուր տօնի Նախավկային Ստեփաննոսի մեծ ի առաքելոյ:

Իսկ սքանչելի այրն Աստուծոյ վարդապետն Յովհաննէս մնաց ի գաւառն Արարատեան, եւ հասեալ ի Ջատկի յարութեան տօնն՝ ի նոյն յօրն որ ասի Անսկիզբն Աստուած, ի յարութեան օրն գնաց առ Քրիստոս: Վասն այնորիկ անդ եղեւ վախճան կենաց նորա, զի գնաց երկիր պագանել աստուածամուխ գեղարդեանն եւ առաջին պատկերի Ամենափրկչին, որ եւ դրոշմեալ եղեւ աղօթիւք սուրբ Աւետարանչին Յոհաննու ի վերայ սրբոյն Գողգոթայի ի խնդրոյ տիրամօր Աստուածածնին: Եւ յետոյ պարգեւօք տուաւ Աշոտոյ թագաւորին ի Հոռոմց թագաւորէն, եւ բերեալ եղեւ ձեռամբ կուրապաղատ իշխանին:

It was not solely in old age that he preached to the unbelievers about their falseness and deception, but throughout his entire life he insulted them and their destructive leader, boldly and intrepidly. But no one dared touch him, neither prince nor subject. Rather they were terrified by his venerable face for he had martyred his body alive with fasting and prayer and all holiness.

The great vardapet Grigor blessed our lands then took his students and went to the Araratean district. Vardapet Yovhannes and we, all of the students, went along. Departing thence we went to his gracious seat [the church] of the Apostle Stat'eos. He remained healthy for eight days. Then he was summoned by the supreme Caller so that he be given wages for his labor. This was on the day of the feast of the great Apostle, the proto-martyr Step'annos.

As for that marvelous man of God, vardapet Yovhannes, he remained in the Araratean district. And during the feast of Resurrection, Easter, when [the prayer] "Uncreated God" is recited, on the day of the Resurrection itself, he passed to Christ. For this reason his death took place there, for he had gone to worship before the picture of the Savior of All which, at the request of the Mother of God, had been imprinted above holy Golgotha by the prayers of the blessed evangelist John. Subsequently this had been given as a gift to King Ashot by the king of Rome[24] and was brought by the curopalate prince.

---

24 *Rome:* Byzantium.

Եւ անդ երկիր պագեալ, հասեալ վախճան կենաց նորա, վերափոխեալ եղեւ ի կեանս անպատումս առ Տէր Յիսուս, որում բաղձայր հասանել: Եւ մեք աշակերտք գոլով նմա եւ հոգեւոր որդիք՝ Մկրտիչ եւ Թովմա եւ նահատակն մեծ վարդապետն Ռշտունեաց Յակոբ եւ վարդապետն Մկրտիչ ի Բերկրոյ, ժողովեցաք բազում եղբարս, եւ եդաք զնա ի հանգստարանի նոր վկային Յովսեփայ եւ Եղիա վարդապետին ի մեծահանդէս ուխտն Հայոց թառ: Եւ բազում բժշկութիւնք լինի ի սուրբ ոսկերաց նորա ի փառս Քրիստոսի Աստուծոյ մերոյ: Որոյ յիշատակն օրհնութեամբ եղիցի, եւ աղօթիւք նորա Տէր Յիսուս ողորմեսցի՛. ամէն:

Դարձեալ դարձցո՛ւք ի նոյն կարգ պատմութեանս ուստի սկսեալ եղեւ: Յ850 թուականին շարժեցաւ վիշապն մահաշունչ Թամուր ի Սիրղանդայ եւ եկն ի վերայ աշխարհիս մեր, եւ գնաց ի տուն Շամայ. աւերեաց զՀալապ եւ զամենայն շրջակայս նորա, եւ անտի գնացեալ ի Դամասկոս ի Դմշխ քաղաք՝ աւերեաց զամենայն աշխարհն ներքին, մինչ զի մերձ գնային վայրուց քաղաքին Երուսաղէմի: Եւ ձմեռն ի լման եկաց ի Դամասկոս: Եւ եկին առ նա կանայք առաջնորդաց նոցա որք էին ուսուցիչք Ղադի, Միւֆթի, Մուտառիս, Իմամ եւ Դանիշման: Եւ ասեն «դու փատիշահ ես ամենայն աշխարհիս, եւ ի հրամանէ Աստուծոյ եկեալ ես զի նոքա որք զհրամանն Աստուծոյ եկեալ ես զի նոքա որք զհրամանն Աստուծոյ կոխեալ են՝ հարցանես, մինչ ոչ գոյ այսպիսի հարցանող իբրեւ զքեզ, եւ զայնպիսին՝ որք չարքն են, իջուցանես կենդանւոյն ի դժոխս. վասն զի յայս քաղաք ամենեքին չարագործք եւ արուագէտք են մանաւանդ սուտ եւ խաբեբայ մոլլէքն»: Ասէ ցնոսա «մի գուցէ սուտ լինիցիք եւ դուք սատակիք ի ձեռաց իմոց»: Ասեն ցնա. «մի՛ լիցի սուտ ի դասուց կանանց, դու կոչեա զառաջնորդսն մեր, եւ դէմ յանդիման վկայեմք նոցա»:

[Yovhannes] being there to worship, passed to the life eternal, to Christ Whom he sought. We, his students who were also his spiritual sons, Mkrtich' and T'ovma and the great martyr vardapet of Rshtunik', Yakob, and vardapet Mkrtich' from Berkri and numerous brothers, assembled and placed him in the tomb (hangstaran) of the neo-martyrs Yovsep' and vardapet Eghia, in the grand congregation of Hayots' T'ar. Numerous healings took place because of [Yovhannes'] bones, to the glory of Christ, our God. May his memory be blessed and may Lord Jesus grant mercy through his prayers, amen.

Let us return to the story we commenced with. In the year 850 of the Armenian Era [1401], Timur, that dragon with the breath of death, moved from Samarqand, came against our land, went against Syria, and destroyed Aleppo and all its environs. Thence he went to Damascus, to the city of Dmshx (Damascus), and destroyed the entire territory south of it until they nearly reached the [holy] places of the city of Jerusalem. [Timur] remained a full winter in Damascus. Now the wives of the leaders [of the city], the teachers, [namely] the qadi, mufti, mudarris, imam and danishman came [to Timur] and said: "You are the padishah of the entire world who came at the command of God to interrogate those who had trampled the command of God. There was no inquirer like yourself; and you made those who were evil descend alive into hell. In this city all are criminals and sodomites, especially the false and deceptive mullahs." [Timur] said to them: "If you are lying, I shall kill you." They replied: "May women not lie; summon our leaders and we shall testify in their presence."

Եւ հրաման արար բովանդակ ամենայն քաղաքն՝ սաստիկ եւ ահեղ գոչմամբ, զամենայն առաջնորդս չար ուսմանն առ ինքն կոչել: Եւ վաղվաղակի ժողովեցին զամենայն դատի եւ միւտառիս. եւ ասէ «այս քաղաքս ո՞ւմ քաղաք է». եւ նոքա ասեն «փեղամբէրին է փատիշահ՝»: Եւ նա ասէ ցնոսա. «փեղամբէրին գիրքն առ ձեզ ունի՞ք, թէ ոչ». եւ նոքա ասեն. «մեր մահն եւ կեանքն նորա գրովն լինին, բայց ոչ ընթեռնումք»: Ասէ ցնոսա. «փեղամբէրն ձեր հրաման տուեա՞լ է ձեզ չարագործութեան»—Ասեն ցնա «քա՛ւ լիցի»:—Ասէ «Եթէ լինիցի այդպիսի մարդ՝ իրաւունք դատաստանի նորա զի՞նչ լինիցի»,—Ասեն «ամենաչար տանջանօք պատժեալ տանջեսցին, եւ ամենայն ընտանեօք կործանեսցին»—Եւ ասէ ցնոսա. «այն դուք էք»—Ասեն ցնա «Խոնդքեար՝ այս քաղաքս Մուստաֆային է քաղաք. այսպիսի բան ոչ եղեւ եւ ոչ լինելոց է»: Եւ կոչեաց զկանայս առաջնորդացն. եւ նոքա եկեալ՝ դէմ յանդիման արանց վկայեցին զգործս անօրէնութեանցն զոր գործեալ էին:

Եւ հրաման եղեւ ի նմանէ՝ 700,000 մարդ կայք առ իւ՝ 700,000 գլուխ այսօր եւ վաղիւն այսր բերջի՛ք. եւ եօթն բերդ շինեսջի՛ք. եւ որ ոչ բերիցէ զգլուխ՝ հատցի գլուխ նորա: Եւ որ ասիցէ. Ցիսէի եմ՝ ի նա ոչ ոք մերձեսցի: Եւ բազում զօրացն սուր ի վերայ եդեալ, կոտորեցին զամենայն քաղաքն.

He issued a severe and dreadful order for all the leaders of the evil teaching throughout the entire city to be summoned to him. Forthwith all the qadis and mudarris assembled. [Timur] asked: "Whose city is this?" They responded: "The Prophet's, padishah." He asked: "Do you have the Book of the Prophet[25] with you?" They said: "Our life and death are written by him, but we do not read it." [Timur] said to them: "Did the Prophet command you to commit crimes?" They said: "Have mercy." He asked: "Were there such and such a [wicked] man, what would be a just verdict for him?" They answered:"He should be tortured with the most wicked torments and destroyed together with his entire family." [Timur] said: "That man is you." They said to him: "Xondk'ear,[26] this is the city of Mustafa. Such a thing has not and will not happen." Then [Timur] called the leaders' wives who came and in the presence of the men testified to the impious deeds they had wrought.

He ordered the 700,000 men with him to bring him 700,000 heads that day and the next, to build seven fortresses and to decapitate anyone not bringing a head. Those who were Christians were not to be approached. Many soldiers put their swords to work and destroyed the entire city.

---

25 *Book of the Prophet:* i.e., the Quran.
26 *Xondk'ear:* Khunkiar: a title given to the Ottoman sultans.

եւ պակասեալ լինէին այր մարդ, եւ գլուխ գտանել ոչ կարէին. ապա կտրէին զգլուխս կանանցն եւ զիրամանն ի տեղ բերէին ամենայն զօրքն: Աստ է տեսանել զօրինակն համօրէն դատաստանին եւ զգոչումն եւ զաղաղակն, զլաց եւ զհառաչումն: Եւ ով ոք, որ ոչ կարէր սպանանել զգլուխ մի՝ ի 100 թանկայ գնէր եւ տայր ի համարն: Եւ բազումք ի զօրացն ոչ սպանանել կարէին եւ ոչ գնել, զգլուխս նոցին հատանէին եւ ի շար մսէ բլուր դնէին: Եւ հոգեւոր որդեակն մեր Մխիթար ի քաղաքէն Վանայ, պատմէր զանցս աղէտիցն եւ զմահ նոցին. որ եւ ինքն մազապուրծ եղեալ ապրեցաւ ի ձեռաց նոցին: Այս եղեւ ի Դամասկոս: Դարձեալ առաքեաց զզօրս իւր գնալ ի Պաղտատ քաղաք, եւ նոյն թըւով եւ համարաւ 700,000 մարդ ի Պաղտատ մսադէղ բերդ շինեցին: Եւ մելիքն Ոստանայ եւ հոգեւոր որդեակն մեր Մխիթար էին ընդ նոսա: Եւ վասն այն ահին եւ երկիւղին Մխիթարն այն միակեաց եղեւ եւ առ մեզ բնակեցաւ երեք ամ. եւ ապա գնաց առ Քրիստոս:

Եւ դարձեալ ի միւս ամին առեալ զզօրս իւր՝ եկն ի վերայ Սեբաստիա քաղաքին, եւ քաղաքն այն Իլտրում Խոնդքեար բռնաւորին էր՝ կողմանցն Հոռոմին: Եւ նորա զառաջինն ոչ ետուն զքաղաքն ի յանողորմ բռնաւորն. եւ խաբեալ զնոսա ասէ ցնոսա «մի՛ երկնչիք զի ով զձեզ սրով սպանանէ՝ սուր նոցա ի սիրտս նոցա մտանէ»: Եւ նոցա բացեալ զքաղաքն՝ ելին ընդ առաջ նորա ուրախութեամբ եւ ցնծութեամբ իբր ազատեալ ի բանտէ: Եւ առժամայն չար հրաման եհաս ի վերայ զօրաց իւրոց զի զաղքատսն գերի առցեն եւ զմեծատունսն չարչարեսցեն եւ զթաքուն գանձս նոցա առցեն, եւ զկանայսն յագիս ձիոցն կապել եւ արշաւել. եւ զորդիս եւ զդստերս ժողովեալ ի դաշտավայրի միոջ անթիւ եւ անհամար՝ հրաման ետ իբրեւ զորայս կամնասայլից կոխել զնոսա անողորմութեամբ:

[Eventually], they were unable to find any more men; so they decapitated women, and the whole army fulfilled the command. An example of the universal Judgement could be witnessed here: the cries, clamor, weeping and sighing. Those unable to get a head paid 100 *t'anks* to the counter, while many who were unable to do even this had their own heads chopped off and they made a mountain of meat. Our spiritual son Mxit'ar, from the city of Van related the events of the clamity and about their deaths. He himself escaped from their hands by a hairsbreadth. This occurred in Damascus. [Timur] again ordered his troops to go to the city of Baghdad where they similarly created a mountain of the flesh of 700,000 men. The melik of Ostan and our spiritual son Mxit'ar were with them. As a result of that terror and dread, the cenobite Mxit'ar came and dwelled with us for three years and then departed to Christ.

Taking his troops the next year, [Timur] came against the city of Sebastia, which belonged to Yildirim xonghear,[27] the tyrant of the Rum area. [The people] did not surrender the city immediately to the implacable tyrant [Timur]. Tricking them, [Timur] said: "Fear not, for whoever slays you by the sword will have your swords in their hearts." Opening up the city, [the people] came before him with joy and gladness, as if freed from prison. He immediately sent a foul command to his troops to take captive the poor, to torture the rich and to seize their hidden treasures, to tie the women to the tails of horses and let the horses run, and to assemble the countless, numberless sons and daughters in the middle of the plain and to mercilessly trample them like sheaves of grain.

---

27 *Xonghear:* i.e., Sultan Bayezid I, 1389-1403.

Աստ էր տեսանել զաղէտս տարակուսանաց անմեղ տղայոցն ի ձեռն չար բռնաւորին հաւատացելոցն եւ անհաւատիցն: Եւ այնքան զօրացն, որ ելանէին ի քաղաքէն, եւ երդուաւ նոցա ոչ սպանանել զնոսա, պատառել ետ զերկիր, եւ կապել ետ ոտիւք եւ ձեռօք 4,000 ոգի, եւ կենդանի թաղեցին զնոսա, եւ ջրով եւ մոխրով ծածկեցին զնոսա: Եւ ո՞վ կարէ ընդ գրով արկանել զայս դառն տանջանս, զոր գործեաց կարապետ նեռին՝ անողորմ բռնաւորն: Բայց սակաւ մի ծանօթ առնեմ զեկեալսդ զկնի մերում ժամանակաց, որ տեսաք եւ լսեցաք ի քրիստոնէիցն, որ եկին առ մեզ գերիքն եւ տեարք գերեացն:

Եւ անտի չուեալ գնաց զօրօք բազմօք ի վերայ Խոնդքար Իլտրումի՝ որդւոյ Մուրատ Պէկին: Եւ նորա ժողովեալ զզօրս բազումս չորեքպատիկ, եւ յոլով քան զզօրս Թամուրին՝ եկն ընդ առաջ նորա: Եւ նորա խաբեալ զնա՝ խոյս ետ ի գիշերի եւ էառ զաշխարհ նորին, եւ յետս դարձաւ. եւ պատերազմեալ ըմբռնեաց զնա եւ զբազումս ի զօրացն: Եւ արար աւար, եւ գերի էառ քան զաստեղս երկնից եւ քան զաւազ ծովու, մինչ զի 60,000 տուն Ղարաթաթար անուն տամբ եւ որդովք ի Խորասան գերի գնաց. եւ այլն անպատմելի է եւ անճառելի, զոր ոչ ոք կարէ ճառել: Եւ ի գնալն ի վերայ կողմանցն Հոռոմց Իլտրումին՝ եկն նախ ի վերայ տանն Վրաց, գերել եւ կորուսանել զնոսա:

One could see here the calamitous anguish of believing and unbelieving youths caused by the wicked tyrant. Those troops which emerged from the city (whom he had promised not to kill) he had dig up the earth. Then he had them bound hand and foot—4,000 souls—and buried them alive, covering them with water and ash. Their cries reached to heaven. Who can write down the bitter tortures which this precursor of the antichrist, this merciless tyrant occasioned? However, we have briefly recorded for those who will come after us, [things] which we heard and things we saw, [information] from Christians, captives, and lords of captives who came to us.

Then [Timur] with numerous troops went against Xondk'ear Yildirim, son of Murad Beg. The latter assembled four times more soldiers than the many troops which Timur had, and came before him. But [Timur] tricked him, eluding him at night, capturing his land, and turning back. In battle [Timur] seized (and killed) [Yildirim] and many troops[28]. He took booty, and more captives than there are stars in the sky or sand in the sea, as many as 60,000 households; Qara-tatar with his House and sons went as captives to Khurasan. But there was much more, unrelatable and unspeakable. When [Timur] was coming against those parts of Rum belonging to Yildirim, he first went against Georgia to enslave and destroy the people.

---
28 Shahnazarean observes that Sultan Bayazid I was killed in 1403 by Aq-Shahir.

Իսկ թագաւորն Վրաց Գորգի եւ երկու եղբարք Կոստանտին եւ Դաւիթ իմացեալ զչարութիւն նորա՝ վաղվաղակի զօրաժողով եղեն, եւ զամենայն ազգն Վրաց եւ Հայոց ի յամրոցս արկեալ պահէին. եւ ինքեանք զնեղ եւ զկածան տեղիսն ունէին: Եւ բանսարկուն սատանայ մտեալ յերեք չարազատ. որդիք անօրէնք եւ անաստուածք, զաղտագողի բաժանեալ ի թագաւորէն՝ գնացին առ չար բռնաւորին, եւ ցուցին զճանապարհ մտանելոյն ի մայրիս նոցա: Եւ յղեաց զօրս բազումս ի վերուստ կողմանէ, եւ ըմբռնեալ առին զամենայն բազմութիւն քրիստոնէական զնդին. զմեծամեծսն սպանանէին եւ զփոքունսն գերի առեալ տանէին՝ աւելի քան 60,000 ոգի:

Իսկ թագաւորն Գորգի մազապուրծ եղեալ՝ 100 ոգի առեալ ընդ ինքեան ի մէջ զօրացն մտեալ յիշելով զանունն Յիսուսի Քրիստոսի զբազումս կոտորեցին, եւ ազատեալ գնացին ի տեղի ամրականին: Եւ նոքա սրով եւ հրով զամենայն աշխարհն Վրաց կործանեցին, զեկեղեցիսն քակեցին, զգերիսն առեալ հասուցին ի յաշխարհս մեր՝ մերկ եւ բոկիկ, քաղցած եւ ծարաւած, ամեն հինգ Չաղաթայ 20 գերի ունելով: Եւ բազումն այն էր որ ի ճանապարհին մեռանէին. եւ նոքա քար առեալ ջախջախէին զգլուխս նոցա զի մի՛ կենդանի մնասցեն. եւ ինքեանք թողեալ գնացին ի ճանապարհն իւրեանց: Զոր տեսար աչօք մերովք եւ լուար. եւ վայ եւ եղուկն բարձրացաւ ի վերայ քրիստոնէից ազգիս. տեսանէաք զգերիսն եւ օգնել ոչ կարէաք. այլ հեղձամղձուկ լեալ՝ ողբով եւ լալով խոյս տուեալ փախչէաք ի նոցանէ:

Now the king of Georgia, Gorgi[29] and his two brothers Kostantin[30] and Dawit', learning about [Timur's] wicked intentions, quickly held a mustering of troops and sent all the people of Georgia and Armenia to fortresses where they were kept. They themselves possessed a narrow close spot. But satan, the slanderer, entered three wicked, godless, infidel azat sons who secretly separated from the king, went to the evil tyrant and pointed out the road leading to their fortress. [Timur] sent many troops in from above them, and captured the entire Christian multitude. The grandees they killed, and the lowly ones they took captive—more than 60,000 souls.

Now King Gorgi, taking one hundred people with him, charged through [Timur's] forces, recalling the name of Jesus Christ; and he killed many of them and went to a secure spot, escaping by a hairsbreadth. With fire and sword [the Timurids] destroyed the entire land of Georgia and demolished the churches, bringing the captives to our land naked, barefoot, hungry and thirsty, every five Chaghatai [troops] having twenty captives. Many died en route, while [the Timurids] smashed the heads [of the fallen] with rocks so that they would not live; and [the enemy] themselves went on their way. We saw this with our own eyes and heard it [with our own ears]. Lamentation and woe befell the Christian peoples. We saw the captives, but were unable to help. Choking with weeping and lamentation, we eluded and fled from them.

---

29 *Gorgi:* George VII, 1395-1405.
30 *Kostantin:* Constantine I, king of Georgia (1405-1412).

Եւ առեալ գնացին ի Խորասան. եւ պիղծ բռնաւորն զորդին իւր զՄիրան–Շահ անուն եդ ի վերայ կողմանցն Ատրպատականի ի Թաւրէզ շահաստանի. եւ նա եդ որդւոյ իւրում Օմար անուն ատեցող ազգիս քրիստոնէից: Որ եւ յառաջին ամի իշխանութեան իւրոյ երեք իշխան յազգէս մերմէ, որք իբրեւ զճիռ մի ողկուզաց էին մնացեալ ի մէջ ազգիս, դարձոյց բռնութեամբ ի յանհաւատութիւն՝ զորդի Իվանէին զթոռն Բուրթէլին զԲուռթէլ անուն յազգէն Օրբէլեանց զՏէրն Որոտնայ, եւ զեղբայր նորին Սմբատ անուն տարան ի Սմրղանդ ընտանեօք իւրովք, որ յետոյ աստուածային ողորմութեամբն եւ աղօթիւք նոցա դարձան ի հայրենիս իւրեանց. եւ զՏէրն Եղեգեաց Տարսայիճ անուն՝ զորդի Գորգոնին ուրացուցին. եւ զՏէրն Մակուայ հանին ի սուտ եւ յերկաբնակ աղթարմայութենէն, եւ ազատորդի մի Ազիտան անուն ի յԱրարատեան գաւառէն ի գեղջէն Աղցուաց. որք եւ յետոյ զղջացան եւ եղեն ճշմարիտ հաւատացեալք Քրիստոսի եւ ժառանգ արքայութեան:

Դարձեալ՝ չար վիշապն եւ նեռին կարապետն, պիղծն Թամուր առեալ զզօրս իւր եւ մտեալ ի յաշխարհին Հոնաց՝ յաղթեաց թագաւորին նոցա Թողթամիշ անուն. եւ զամենայն աշխարհն արար հնազանդ ինքեան: Եւ եդիր նոցա թագաւոր Իդիկայ անուն. եւ նստաւ նա ի Սարայ. եւ տիրեաց վեց ամսոյ ճանապարհ մինչ ի յելսն արեւու: Եւ դարձեալ գնաց ի յարեւելս ի Հնդկաստան, եւ էառ զԴիլի քաղաք, զոր եւ ասէին թէ 40 օր նստաւ անդ զօրոք իւրովք. եւ եզր քաղաքին ոչ գիտէր. Այլ եւ հնազանդեցոյց զամենայն աշխարհն Ամազոնից որ է կանանց երկիրն: Այլ եւ էառ զՔէշուբահրայ եւ զԲալաշխան զերկիրն Հնդկաց իւր ինքեան, եւ զծովն զայն, որ զմարգարիտն հանեն իջանելովն ի յատակս ծովուն:

Taking the captives, they went to Khurasan. The loathsome tyrant [Timur] set up his son named Miran-Shah over parts of Atrpatakan, [with his residence] in the shahastan of Tabriz, while he set up his son named Omar, a hater of Christians. During the first year of his reign, he forcibly made to apostatize three princes of our people who had remained like a tiny cluster of grapes among us: the son of Ivane and grandson of Burt'el, Burt'el lord of Orotan, of the Orbelean family; his brother Smbat, whom they took with his family to Samarqand (but subsequently, through divine mercy and their prayers they returned to their patrimony); the lord of Eghegis named Tarsayich, son of Gorgon they caused to apostatize; the lord of Maku they removed from the false and diophysite [beliefs] of *Aght'armayut'iwn*, and the son of an azat named Azitan from Aghts'uats' village in the Ayraratean district. Later, however, [the apostates] repented and [again] became true believers in Christ and heirs of the Kingdom.

Again that wicked dragon, that precursor of the antichrist, the abominable Timur, took his troops, entered the land of the Huns, conquered their king Tokhtamysh, and subjugated the entire land. He made Idika their king, seated him in Sarai, and conquered land eastward for a six months' journey. Then he went east again to India and captured the city of Delhi.[31] They say that he besieged it for forty days with his troops and did not know the limit of the city. Further, he subjugated the entire land of the Amazons, which is the country of women, and he took K'eshubahra and Balashxan, the country of the Indians as well as that ocean whence pearls are removed by diving down to the sea bottom.

---

31 Shahnazarean notes that Metsobets'i's chronology is awry. Timur took India only once, six years before battling Yildirim (Bayazid).

Իսկ որդի Թամուրին Միրան-Շահ անուն, յոյժ ողորմած եւ բարեբարոյ. որ եւ ընկալաւ զմեծ վարդապետն զԳրիգոր սիրով իբրեւ զհրեշտակ Աստուծոյ: Եւ չարախօսէին նմա զԲաղէշ քաղաքի ամիրայէն Իբրահիմ անուն, որ նստաւ ամիրայ յետ եղբօր իւրոյ Ամիր-Շարաֆին, եթէ ոչ կամի հնազանդիլ քեզ: Եւ Իբրահիմն այն էր յոյժ ատեցող Քրիստոսի եւ քրիստոնէից ազգի, եւ ոչ իբրեւ զեղբայրն իւր սիրող ամենայն քրիստոնէից. այլ կամէր բառնալ զհաւատս մեր. եւ կանչել ետ ի քաղաքին եթէ մի է Աստուած եւ ոչ Որդի եւ ոչ Հոգի. եւ այնպիսի Աստուած որ ոչ ունի իմաստութիւն եւ ոչ հոգի: Եւ ոչ կամէր զխաղաղութիւն, եւ կապուտ էարկ ի քաղաքին. եւ յոյժ դառնացան քրիստոնեայքն: Իսկ ողորմածն Աստուած զարթոյց զնա ի բարկութիւն: Յ845 թուականին ելեալ զօրօք իւրովք եկն ի յԱրճէշ քաղաք, երկիր պագեաց սուրբ եկեղեցւոյն եւ ոչ մտաւ ի մզկիթ Տաճկացն. այլ արհամարհեաց, անարգեաց զնոսա: Եւ եկն ի վերայ Բաղիշու յանկարծակի. եւ ամիրայն Իբրահիմն եկն առ նա. եւ ըմբռնեալ զնա՝ սպան, եւ բազում աւերս արար ամենայն քաղաքին եւ գաւառին: Եւ Տէրն Ոստանին Եզդին ամիրայն անկեալ ի մէջ նոցա՝ հաշտութիւն արար նոցա: Եւ զորդի ամիր Շարաֆին փոքր տղայն Շամշատին անուն եդ ամիրայ, եւ գնաց ի Թաւրէզ: Այս բան ի մէջ անկաւ ըստ կարգի շարադրութեանն: Այսքան առ այս:

Timur's son, Miran-Shah, was an extremely merciful and benevolent ruler. He received with love the great vardapet Grigor, as though he were an angel of God. They spoke ill to him about the emir of the city of Baghesh [Bitlis], Ibrahim, who ruled as emir after his brother Amir-Sharaf, saying, "He does not want to submit to you." This Ibrahim was a very great hater of Christ and Christians, unlike his brother who loved all Christians. Instead, [Ibrahim] wanted to destroy our faith and had it cried out in the city that God is One, without Son or Spirit—such a God with neither wisdom nor spirit. [Ibrahim] did not want peace, but plundered the city, and the Christians grew extremely bitter. Then merciful God moved [Miran-Shah] to anger. In 845 of the Armenian Era [1396], [Miran-Shah] came to the city of Archesh with his troops and worshipped at the holy church. He did not enter the Tachiks' mosque, but rather treated them with contempt and disrespect. He suddenly came against Baghesh [Bitlis] and emir Ibrahim came to him. [Miran-Shah] seized and killed him, looting the entire city and district. Then the lord of Ostan, emir 'Izz al-Din, came among them and effected a reconciliation. [Miran-Shah] made emir the son of emir Sharaf, a little boy named Shamshatin, and then he went to Tabriz. This [episode] was inserted according to the order of the composition. So much on this matter for now.

Եւ պիղծն Թամուր երթեալ յաշխարհն իւր՝ սատակեցաւ շան պէս. եւ ոռնայր մեռեալն իբրեւ զշուն՝ ի պիղծ խատիրայ Մաշաթին: Եւ անտի հանեալ ի ջուր անցուցին. եւ պիղծ ձայն նորա ոչ դադարէր զբազում ժամանակս: Իսկ Թուրքմանն Յուսուփ յետ սատակման Թամուրին ի յ857 առեալ զսակաւ զօրս իւր տառապեալ եւ անզէն, ելեալ ի բանտէն Դամասկոսի եկն վերստին յաշխարհս մեր, նախ ի քաղաքն Բաղէշ: Եւ որդի ամիր Շարաֆին Շամշատին ամիրայն գնացեալ ընդ առաջ նորա՝ յոյժ մեծարեաց զնա հացով եւ ջորեօք, ձիովք, զինուք եւ ամենայն զինուորական պատերազմական պատրաստութեամբք: Եւ առեալ եկն ի վերայ աշխարհին Ռշտունեաց եւ վանակերտին Վարագայ: Եւ նոքա պատրաստեալ զզօրս իւրեանց՝ ելին ընդ առաջ նորա աւելի քան երկոտասան հազար. եւ խաբեալ զՄէլիքն բարեբարոյ եւ սիրողն եւ ողորմածն քրիստոնէից նենգաւոր ազգն Մարաց՝ խոյս ետուն եւ փախեան: Եւ նորա աւերեալ զաշխարհն հրով, եւ կողոպտելով, սպանութեամբ: Եւ ապա եկեալ ի հնազանդութիւն Եզդին ամիրայն եւ Մելիք որդին:

Եւ ի նոյն ամի եղեւ վախճան երկուց վարդապետացն մերոց՝ մեծին Վարդանայ՝ սուրբ վարդապետին եւ րաբունոյ սուրբ ուխտին Աստուածածնի Խառաբաստայ՝ աշակերտի մեծին Սարգսի, եւ Յովհաննէս ճգնաւոր վարդապետին Ռշտունեաց, որ աւելի քան զ50 ամ իբր զանմարմին հրեշտակ կայր կանգուն ի վերայ ոտից իւրոց՝ յաղօթս եւ ի պաղատանս, զոր եւ տեսաք աչօք մերովք եւ վայելեցաք յաղօթից նորա: Եւ էր սա ի Քաջբերունեաց ի սուրբ ուխտէն Յարութեան որ Ասպինձկայ վանք վերակոչի. ի գեղջէն Վախանից. որոց յիշատակն օրհնութեամբ եղիցի. եւ աղօթք սոցա ի վերայ ամենայն աշխարհի. ամէն:

The filthy Timur went to his land and died like a dog, howling like one in the foul *xatiray Mashat'*.[32] Removing him thence, they placed him in fire and passed him through water, and his obscene noise did not stop for a long while. Now after the death of Timur in 857 of the Armenian Era [1408], the Turkmen [Qara] Yusuf took a few of his broken down and unarmed soldiers, escaped the prison in Damascus, and once again came to our land, first to the city of Bitlis. The son of emir Sharaf, Shams al-Din, went before him and greatly honored him with bread, donkeys, horses, weapons, and all military and battle preparations. Taking this, [Yusuf] went against the land of Rshtunik' and the monastery[33] of Varag. Preparing their forces, [the people of Rshtunik'] came before him with more than 12,000 troops. The treacherous Marats' [Mar] people cheated the goodly Melik' who was fond of and merciful toward Christians—they fled. Then [Qara Yusuf] destroyed the land with fire, robbing, killing, and polluting. Then emir 'Izz al-Din and son Melik' submitted.

In this same year two of our vardapets died: the great Vardan, the blessed vardapet and rabuni[34] of the holy Mother of God of Xarabast, a student of the great Sargis; and Yovhannes, the ascetic vardapet of Rshtunik' who, like an incorporeal angel, stood on his feet for more than fifty years praying and supplicating. We saw him with our own eyes and enjoyed his prayers. [Yovhannes] was from K'ajberunik' from the holy congregation of the Resurrection which was renamed Aspisnka, from the village of Vaxan. May his memory be blessed. And may [Vardan's and Yovhannes'] prayers be upon the whole world. Amen.

---

32 *Xatiray Mashat:* unclear reference.
33 *Monastery:* monastic complex, Varakert.
34 *Rabuni:* teacher.

Այս ամիր Եզդինն, որ հակառակ եղեւ Յուսուփին, տէրն Ռստանայ ի յ842 թուականին սպան զկաթողիկոսն Աղթամարայ զտէր զԶաքարիա անուն։ Զսորին պատմութիւնն տեսցես ի գիրն Յայսմաւուրց սուրբ վարդապետին Գրիգորի։ Եւ յանցեալ ամին զՏէր Թէոդորոսն՝ զՍսոյ կաթողիկոսն տասն եւ վեց տանուտէրօք սպան ի նենգութենէ քրիստոնէիցն Սսայ պիղծ մէլիք Օմարն։ Եւ սուլթանն Մըսրայ սպան զմելիք Օմարն չարաչար մահուամբ եւ դառն տանջանօք։ Փառք Աստուծոյ։

Եւ անտի զօրացեալ Յուսուփն այն եկն ի Թաւրէզ եւ մարտեաւ ընդ Ամիր Միրան-Շահ Չաղաթային՝ որդի Թամուրին. Եւ էառ զԹաւրէզ եւ սպան զնա, եւ կողոպտեաց զնա եւ զամենայն զօրս նորա։ Եւ արար խաղաղութիւն վերին կողմանց աշխարհիս Հայոց։ Իսկ յերկրորդ ամին դարձեալ զօրս գումարեաց որդի Միրան-Շահին, անթիւ եւ անհամար։ Ապու-Բաքիր անուն՝ յոյժ զօրեղ զօրական ի պատերազմի եւ եկն ի վերայ Յուսուփին. եւ նստեալ ընդդէմ միմեանց աւուրս ինչ. եւ ի միում գիշերի գաղտագողի Ապու-Բաքիրն առեալ զզօրս իւր՝ փախեաւ. եւ եթող զառ եւ զաւար, զվրան եւ զսարուփարտայն եւ զամենայն գանձս տան թագաւորութեան եւ զօրաց իւրոց Թուրքմանին։ Եւ նա յոյժ զօրացեալ եկն ի միւս ամին՝ էառ զԵզընկայ քաղաք խաղաղութեամբ. զի իշխան քաղաքին Թախրաթան անուն սատակեալ էր։ Եւ էառ զամուրն Մերդին, եւ զամենայն գաւառս նոցին. եւ եկն ի վերայ Ամթայ եւ Արղնու, եւ խսարեաց զնոսա եւ աւերեաց զաշխարհն զայն։ Եւ ի մէջ անկեալ տէր Եզընկային Փիր Օմարն՝ հաշտեցոյց զտէրն Ամթայ Օթման անուն Աղոյինլու, սիրող յոյժ ազգիս Հայոց, քաջ զօրականն, որ եւ ասեն եթէ 72 պարոն սպանեալ էր եւ զՏիարպէկն յինքն գրաւեալ։

This emir 'Izz al-Din who opposed Yusuf [was] the lord of Ostan. In the year 842 A.E. [1393] he killed the Catholicos of Aght'amar named Zak'aria. His story may be read in the book, Yaysmawurk', by the blessed vardapet Grigor. The previous year, the abominable melik Omar of Sis killed lord T'eodoros, the Catholicos of Sis and sixteen tanuters in a persecution of Christians. Then the sultan of Egypt killed melik Omar wickedly and with bitter tortures. Glory be to God.

Thereafter Yusuf grew powerful, came to Tabriz and battled with Timur's son, Amir Miran-Shah Chaghatai. He captured Tabriz and killed [Miran-Shah], plundering him and all his troops. He effected peace in the upper parts of the land of Armenia. The next year Miran-Shah's son, Abu Bakr, an extremely powerful military commander massed together countless, numberless troops and came against Yusuf. They dug in opposite one another for some days. Then, one night, Abu Bakr secretly took his troops and fled. He left behind booty and plunder, tent and sarup'artay all the treasures of the royal house and of his Turkmen troops. Greatly strengthened, [Yusuf] came the next year and took the city of Erznka peacefully, as the prince of the city, named Darxrat, had died. He took the fortress of Mardin and all their districts. He went against Amida and Arghni, besieged them and destroyed that land. The lord of Erznka, Pir 'Umar came up and reconciled the lord of Amida, named 'Uthman Aghghoyinlu, a great lover of the Armenian people, a valiant warrior. They saw that he had slain 72 parons and conquered Diyarbakir himself.

Եւ ի սոյն աւուրս եկն սուլդան Ահմատ ի Պաղտատայ՝ մտեալ ի Թաւրէզ էառ զնա. եւ Սմբատ՝ որդի Իվանէին թոռն Բուրթէլին, գնաց առ նա խաբեալ ի խրատատուաց իւրոց: Եւ նա մեծարեալ զնա՝ ետ զգեղն Անգեղակութ նմա պարգեւս: Եւ լուեալ Յուսուփին՝ փութանակի եկն ի վերայ ղանին Թաւրիզու: Պատերազմեալ ընդ սուլդանին ղանին՝ ըմբռնեալ սպանանէին զնա խեղդամահ արարեալ զի տեարք էին տեղեացն, եւ ղան աւէին եւ որդիս ղանի: Եւ եղեւ ի նոյն ժամանակս խաղաղութիւն խնամօքն Աստուծոյ ամենայն աշխարհի Վրաց եւ Աղուանից, եւ շինութիւն եղեւ ամենայն աշխարհիս, մինչ զի յԱրճիշու մինչ ի գաւառն Արարատեան մարդիկ ի յաւեր ոչ բնակէին. այլ ի շէնս բնակէին. եւ թէպէտ հարկապահանջութիւնն բազում էր. սակայն խաղաղութիւնն առանց խռովութեան էր: Եւ ծաղկեալ էին եկեղեցիք քահանայիւք եւ սարկաւագօք. եւ մարդիկ որ յաւուրս Չաղաթային ի հաւատոց ուրացեալք էին, եկին ի հաւատս՝ Բուրթէլն Որոտանայ, Տարսայիճ Եղեգեաց, Սուրղաթմիշ՝ Մակուայն, Աղիտան՝ Աղցուց: Եւ յԱրճէշ զվանքն որ առեալ էին Տաճիկք, ետուն զեկեղեցին. եւ յոյժ ուրախ էին հաւատացեալքն:

Իսկ պիղծն Բելիար ոչ կարաց տանել հոգեւոր ուրախութեան եկեղեցւոյ. այլ յարոյց պատերազմ ընդդէմ Պարսկաց. զի տղայ մի ի Թաւրէզ քաղաքէն Յուսուֆ անուն՝ յոյժ հայհոյիչ եւ ատեցող անուան Քրիստոսի, առնու պիղծ ոսկերս շանց, եւ երթեալ զհետ տղայոցն քրիստոնէից, եւ ձգէ զպիղծ ոսկերս ի կարաս քրիստոնէից: Եւ էր վարդապետ մի Ստեփաննոս անուն յաշակերտաց մեծին Գրիգորի. եւ նա եւ ամենայն քրիստոնեայքն անտի ջուր ըմպէին:

In the same period sultan Ahmat [Ahmad Djala'ir] came from Baghdad, entered Tabriz and took it. Smbat (Ivane's son and Burt'el's grandson), fooled by [Ahmad's] advice, went to him. [Ahmad] magnified him and gave him the village of Angeghak'ut' as a gift. When Yusuf learned about this, he quickly came against the khan of Tabriz. Warring with the sultan-khan, they seized and choked him to death, for they were lords of the place and called khan and son of a khan. By the solicitude of God there was at this time peace and construction throughout all the land(s) of Georgia and Aghuania, while from Archesh to the Araratean district people dwelled not in desolation, but in a condition of building. Despite the fact that there were many taxes demanded, nonetheless the peace was without disturbance. The churches blossomed with priests and deacons, and those people who had apostasized during the time of Chaghatai [Timur], returned to the faith, [namely] Burt'el of Orotan, Tarsayich of Eghegeats', Surghat'mish of Maku, and Azitan of Aghts'. And at Archesh, the monastery which the Tachiks had taken, they gave [to] the church; and the believers rejoiced exceedingly.

Now loathsome Beliar[35] could not bear the Church's spiritual joy, so he stirred up a war against the Persians. There was a boy in the city of Tabriz named Yusuf, a great curser and hater of Christ's name. Taking the foul bones of a dog, [Yusuf] pursued [some] Christian boys and threw the filthy bones into the Christians' vats, from which the vardapet Step'annos (a student of the great Grigor) as well as all the Christians drank water.

---

35 *Beliar:* i.e., Belial (Satan).

Եւ ի սոյն գիշերի բացեալ լինի կամարն երկնից, եւ իջանէ Քրիստոս յերկնից՝ նստեալ ի վերայ հրեղէն աթոռոյ, եւ երկոտասան Առաքեալքն ընդ նմա: Եւ էջ ի տեղիսն յորում Յուսուփն ննջեալ էր. եւ ասէ Տէրն «ըմբռնեցէ՛ք զտղայդ զայդ եւտարեալ ցուցէք զտեղի չարչարանաց պիղծ առաջնորդի դոցա եւ ամենայն հետեւողաց նորա, եւ ապա սպանէ՛ք զդա զի գնայցէ ի նոյն տեղի տանջանաց նոցա: Եւ առեալ զնա հրեշտակացն տարան ի դըժոխքն եւ ի բոցածաւալ հուր գեհեննին, որ այրէր զառաջնորդ ազգին եւ զամենայն հետեւօղս նորին: Եւ նա ունէր զկերպարան շան, եւ ձայն կաղկանձելոյ գայր ի միջոյ հրոյ հնոցին. եւ շղթայ արկեալ էր ի պարանոցին: Եւ ասէր հրեշտակն «ահա՛առաջնորդն քոյ եւ ահա՛ ժողովուրդք նորա»:

Եւ անտի հանեալ զնա՝ տարեալ ցուցին զարքայութիւնն երկնից եւ զվայելչութիւն գեղեցկութեան նորա, եւ զամենայն անդրանկաց հոգւոց դասուն զուրախութիւնսն եւ զամենայն առաջնորդս քրիստոնեայ ազգին: Եւ ասէ հրեշտակն «տեսանե՞ս, ո՛վ մոլորեալ՝ զհաւատացեալսն Քրիստոսի Աստուծոյն մերոյ եւ զԿոյսն Մարիամ զԱստուածածին, եւ տեսանե՞ս զԼուսաւորիչն Հայոց աստուածային փառօք փառաւորեալ. դու զի՞արդ զազգս հայոց հայհոյեալ անարգես: Հաւատա՛ ի խաչ ելեալն Քրիստոս, եւ ե՛րթ, մկրտեա՛ յանուն Ամենասուրբ Երրորդութեան զի մի՛ գնայցես ի յայն տեղի տանջանաց, յորում տեսար. այլ յայս տեղիս փառաւորութեան յորում այժմ ի ներս կաս զի ինքն Քրիստոս առաքելովք իւրովք իջեալ է յերկնից եւ եկեալ առ քեզ»:

That same night the firmament opened, Christ descended from heaven and sat on the fiery throne, the twelve Apostles with him. He descended on the spot where Yusuf slept. The Lord said: "Seize that boy, take him and show him the place of torture of their filthy leader and all his followers. Then kill him so that he will go to that very place of their torments." The angels took [Yusuf] to hell and to the blazing flames of Gehenna where their leader and all of his followers were burning. [Muhammad] had the form of a dog and a yelping noise was issuing from the inferno's flames; and there was a chain about his neck. The angel said: "Behold, your leader and your people."

Removing [Yusuf] thence, they showed him the kingdom of Heaven, its comely beauty, the rank of all the foremost souls, the delights, and all the leaders of the Christian people. The angel spoke: "Oh strayer (moloreal), do you see the believers in Christ our God, the Virgin Mary, Mother of God, and do you see the Illuminator of Armenia glorified with divine splendor? Why do you insult the Armenian people with curses? Believe in crucified Christ, go, be baptized in the name of the Most Blessed Trinity so that you go not to that place of torture which you saw but rather to this place where you are now. For Christ Himself with His Apostles descended from Heaven and came to you."

Եւ անտի դարձեալ բերին առ սոսկալի եւ հրեղէն ա-թոռն Քրիստոսի. եւ տեսեալ զՔրիստոս՝ ահագին գոչէր որպէս Թովմա «Տէ՛ր իմ եւ Աստուած իմ՝ մեղայ քեզ, խոստովանիմ եւ հաւատամ զքեզ ստեղծող եւ արարիչ, եւ զՀայրն քոյ ամենակարող, եւ զփառակիցն քո զճշմարիտ քոյ Հոգին Աստուած, միայն ազա՛տ արա զիս ի մեղաց իմոց զի մի՛ գնայցեմ ի տեղի տանջանաց չար առաջնորդին մերոյ»:

Եւ յանկարծակի տեսիլ երազոյն խափանեցաւ, եւ յահագին գոչման ձայնէն ընտանիք նորա՝ մայրն եւ եղբարք նորա, զբան դաւանութեանն որ ելանէր ի բերանոյ նորա, լսէին. եւ զարհուրեալ ապուշ մնային. եւ զերեք տիւ եւ զերեք գիշեր զնա զարթուցանել ոչ կարէին: Եւ յանկարծակի վերացաւ աթոռն յերկինս. եւ նա զարթուցեալ ի քնոյ տեսլեան գիշերոյն լցեալ շնորհօք Հոգւոյն սրբոյ սկսաւ պարսիկ լեզուաւ դաւանել զՔրիստոս Աստուած եւ Տէր ամենայնի: Եւ երթեալ յետ սակաւ աւուրց առ վարդապետն Ստեփաննոս մականուն լալուկ՝ ասէ նմա զտեսիլն ահագին. եւ մկրտեալ ի նմանէ՝ եղեւ քրիստոնեայ:

Եւ գիտացեալ անօրինացն զի թմբուկ ի ձեռին առեալ դաւանէր զՔրիստոս Աստուած ի մէջ քաղաքին: Եւ ժողովեալ բազմութիւն անօրինացն՝ ազգի ազգի հնարիւք հնարէին ողոքանօք եւ սպառնալեօք. Եւ ապա հանեալ ի յուղտ ի բոլոր քաղաքին ի շուրջ ածէին. եւ նա ասէր. «Տէր Յիսուս Քրիստոս՝ վաղվաղակի բարձրացուցեր զիս յայսմ աշխարհի զի ես ուղտու ընթանամ. սոքա՝ հետիոտս»:

Thence they again brought [Yusuf] to the terrible fiery throne of Christ. Seeing Christ [Yusuf] bellowed forth like Thomas: "My Lord and God, I have sinned before You, I confess and believe in You, fashioner and creator, and in Your omnipotent Father and Your true Holy Spirit of God, equal in glory—only free me from my sins so that I will not go to the place of torture of our wicked leader."

Suddenly the vision of the dream ceased and his family, mother and brothers, heard a frightful shouting, the word of doctrine, coming from his mouth. Awestruck, they stayed there in amazement. For three days and three nights they were unable to awaken him. Suddenly [Christ's] throne ascended to Heaven and [Yusuf], awakening from the sleep of that night vision, filled with the grace of the Holy Spirit, commenced professing Christ God and the Lord of all, in Persian. After a few days he went to vardapet Step'annos, called *laluk*,[36] and related the frightful vision to him. Baptized by Step'annos, [Yusuf] became a Christian.

The infidels learned that [Yusuf], drum in hand, was going about the city confessing Christ God. Multitudes of infidels assembled, and devised various stratagems, persuasion and threats [to check Yusuf]. Then they placed him on a camel and led him around the entire city. [Yusuf] said: "Lord Jesus Christ take me soon from this world, for I ride upon a camel, and they are on foot."

---

36 *Laluk:* "The Weeper".

Եւ իջուցեալ զնա չարչարեցին այնքան դառն տանջանօք մինչ զի 40 օր ի մորթ ծրարեցին, եւ առողջացեալ համնին զնա ընտանիքն: Եւ գնացեալ իՍուլթանիա անդ եւս չարչարեցաւ. եւ գնացեալ ի Սմրղանդ. եւ անտի գնացեալ ի կռապաշտից յաշխարհին հնգետասան աւուր ճանապարհ՝ եկն ի Պաղտատ: Եւ չարչարեալ ի նեստորական ժողովրդենէն, զՔրիստոս Աստուած դաւանեաց մտեալ ի Մաշադ Ալին. եւ գաղտաբար մնաց ի ներս ի գիշերին եւ ետես զխաբէութիւն նոցին, զի աւէին հուր վառի ի սմին: Եկն առ մեզ ի գաւառն Քաջբերունեաց ի սուրբ ուխտն Մեծոբայ ամիսս վեց. եւ ապա գնացեալ ի յԱրճէշ քաղաք՝ դաւանեաց զԱմենասուրբ զԵրրորդութիւնն: Եւ տեսեալ անօրինացն՝ փոս փորեցին եւ թաղեցին մինչ ի մէջքն եւ քարկոծ արարին որպէս զնախավկայն Ստեփաննոս: Եւ յետոյ մոլլէքն ազատ արարին զի զբազուկն խորտակեցին: Եւ յետ վեց աւուր խորտակօղ բազկին չարաչար սատակեցաւ Արամիշ անուն:

Եւ ապա ազատ արարեալ եկն դարձեալ առ մեզ. եւ գնացեալ ի քաղաքն Ախալցխէ. եւ ժողովեալ զմանկունս Վրաց եւ Հայոց. Եւ կերեալ միս խոզոյ՝ եւ զոսկերսն տարեալ լցին ի մզկիթ նոցին: Եւ տեսեալ անօրինաց որ անդ կային, զոր յիմար իշխանն՝ որդի Աղբուղին Իվանէի բարձրացուցեալ էր զնոսա առաւել քան զամենայն ազգս քրիստոնէից որ առ նա կային:

[The infidels] dismounted him and tortured him with such bitter torments such that for forty days they wrapped him in skin. When he recovered, his family expelled him. [Yusuf] then went to Sultaniyeh where he was tortured further. Then he went to Samarqand, thence a fifteen days' journey to the fire-worshippers' land, he came to Baghdad. Tormented by the Nestorian people, he professed Christ God. He entered Mashad Ali and secretly remained inside during the night, and he observed their deceit, for they said to light a fire in it. He came to us at the blessed congregation of Metsob in the district of K'ajberunik', for six months. Then he went to the city of Archesh and professed the most blessed Trinity. When the infidels saw this, they dug a hole, buried him to the waist, and stoned him like the proto-martyr Stephen. Afterwards the mullahs freed him, for they had broken his arm. But six days later the one who had broken his arm, named Aramish, died wickedly.

At liberty, he came to us again, then went to the city of Axalts'xe and assembled Georgian and Armenian clerics. After eating pork, they placed the pigs' bones in their mosque. The infidels who were there saw this. The stupid prince Ivane, son of Aghbugha, had elevated [the infidels] more than any of the Christian people about him.

Եւ նոքա նենգութեամբ առեալ գանձս բազումս՝ եկին առ բռնաւորն Յուսուփ ի Վաղարշակերտ Բագրեւանդ գաւառին. եւ զչարութիւնն իւրեանց նմա յայտ արարեալ՝ առեալ գնացին ի տունն Վրաց, եւ ետուն զքաղաքս ի ձեռս նորա: Եւ նոքա իբրեւ կատաղի եւ անողորմ գազան սուր եղեալ ի վերայ նոցա իբրեւ զգառն անմեղ զեննուին ի վեր քան զհամար եւ զթիւ մտաց մարդկան. եւ զամենայն աշխարհն գերի առեալ զկին եւ զտղայ՝ եւ գերութեամբ լցին զաշխարհ ամենայն Հայկազեան սեռի. եւ զամենայն քրիստոնեայքն ազգիս ողորմելի արարին զկարգաւոր եւ զաշխարհական, եւ զհօգւոյ եւ զմարմնոյ ստացուածս ի գին գերոյն ետուն: Եւ էր որ գողութեամբ, եւ էր որ փախստեամբ ազատ առնէին զքրիստոնեայսն, եւ էր որ գազանակուր լինէին: Եւ ո՞վ կարէ պատմել եւ կամ ընդ գրով արկանել զաղէտս տարակուսանացն եւ զկսկիծ լալոյ եւ ողբոյ հարցն եւ մարցն, որդոցն եւ դստերացն: Եւ եւս առաւել տեսանողքն ոչ կարէին ժուժկալել. կանայք զզարդարանս իւրեանց կողոպտէին, արք՝ զանասունս, քահանայք եւ կրօնաւորք՝ զաղքատութիւնս իւրեանց ցուցին. ում ոչխարիկ եւ ում տաւարիկ կայր՝ տային եւ գնէին:

Եւ տեսեալ անօրինացն զյօժարութիւն նոցին՝ զամէն գերին հանեցին ի 10,000 եւ ի 20,000՝ մինչ զի քահանայի միոջ յԱրճէշ եւ յԱրծկէ 230,000 դահեկան գնէին: Եւ այս եղեւ կորուստ չար եւ անօրէն բռնաւորին Յուսուփին. զի եբարձ Աստուած զօգնութիւն իւր ի նմանէ, եւ այլ ոչ յաջողեցաւ նմա. եւ այս էր ի յ865 թուականին: Դարձեալ գնաց յետ այսորիկ ի Տիարբէկն, եւ էջ ի վերայ կողմանն Շամայ իբրեւ աղուէս. եւ իբրեւ ջղջկան տկար յետս դարձաւ. զի որդին նորա սատակեցաւ որ դան եղեալ էր ի վերայ ամենայն աշխարհին:

Treacherously, [the infidels] took many treasures and went to the tyrant Yusuf at Vagharshakert in Bagrewand district. They made their evil [intentions] known to him, they took him to Georgia and gave the city over to him. Like mad, pitiless beasts, they fell on [the Christians] with swords and slaughtered them like innocent lambs—killing more people than the human mind can comprehend. Taking the whole land captive, women and children, they filled up the entire world with Armenian slaves; they made pitiful all the Christian people, clerical and lay and [the Christians] gave spiritual and temporal goods for the price of a slave. Some Christians were freed by theft, some by flight, and some were eaten by wild beasts. Who can relate or put into writing the calamitous anguish and the racking sobbing and lamentation of fathers and mothers, sons and daughters? Furthermore, mere beholders were unable to restrain themselves. Women pawned [their] jewelry; men, their animals; priests and clerics demonstrated their indigence. Whoever had sheep or cattle gave and bought [the captives].

When the infidels saw their willingness, they sold all the captives for between 10,000 and 20,000 [dahekans]; and [the Christians] bought one priest at Archesh and Artske for 230,000 dahekans. But this deed became the ruin of the wicked, impious tyrant Yusuf, for God took his power from him and no longer succored him. This transpired in the year 865 of the Armenian Era [1416]. [Yusuf] subsequently went to Diyarbakir and descended into Syria like a fox, but returned like a weakened bat. For his son, whom he had set up as a khan over the entire land, had been killed.

Եւ ի միւս ամին Օթմանն՝ տէրն Ամթայ, էառ զԵրզնկայ եւ զՓիր Օմարն չարաչար սատակեաց: Եւ ի միւս ամին Շահ-Ռուհն՝ տէրն Խորասանու՝ որդին Թամուրին, առեալ զզօրս իւր անթիւ եւ անհամար գնդին՝ եկն ի Սուլթանիա եւ ի Թաւրէզ՝ ի վերայ նորին: Եւ նա ելեալ գնաց ընդդէմ նորին. եւ յորժամ մերձ եղեն միմեանց զի այսօր եւ վաղիւ մարտնչէին, զվրէժ գերութեանն անողորմ էառ Աստուած ի Թուրքմանէն զի հիւանդացեալ սատակեցաւ բռնաւորն այն. եւ զօրաց նորա, զինքն անթաղ թողեալ՝ ի բաց գնացին. եւ եկին, հասին ի լայի եւ ողորմելի ամբակագնաց աշխարհս Քաջբերունեաց: Եւ նստեալ ի վերայ քրիստոնէից վանորէից եւ գեղորէից՝ մինչ յեղանակ գարնանային ժամանակին: Եւ ի գնալն իւրեանց զամենեսեան կողոպտեցին. եւ որդի նորա Ասպահան անուն բազում ջանս եդեալ ի վերայ հաւատացելոցն եւ ողորմութիւնս արարեալ՝ ազատեաց զամենեսեան գնալ ի գաւառն Ռշտունեաց. եւ մազապուրծ եղեալ ազատեցաք ի զօրաց Չաղաթային: Զի իբրեւ արծիւ սրնթաց հասին ի վերայ Թուրքմանին ի յերկիրն Տարօնոյ. եւ թողեալ նոցա զառ եւ զաւար, եւ զաղտագողի գնացեալ հասին յերկիրն Շամայ ի դաշտին Ամիթ քաղաքին:

Իսկ որդի Յուսուփին Սքանդարն ոչ հանդիպեցաւ առ հայրն իւր զի նստէր ի տեղի նորին. այլ եկն ի կողմանէն Պաղտատայ, եւ առեալ զզօրս հօր իւրոյ եւ զքօչս Հիղանին՝ եկն ի Բագրեւանդ գաւառ մերձ սուրբ ուխտին շինեալ ձեռամբ Տրդատայ եւ Լուսաւորչին Գրիգորի՝ կամէր գնալ ի վերայ Շահ-Ռուհին. եւ Շահ-Ռուհն այն հասեալ ի Հեր եւ ի Զարեւանդ գաւառ, եւ վերջն՝ ի Բերկրի:

The next year 'Uthman, lord of Amida, took Erzinjan and wickedly killed Pir 'Umar. The next year, Shah-Ruh,[37] Timur's son, the lord of Khurasan, took a countless host of his troops and came to Sultaniyeh and Tabriz, against Yusuf. The latter came to oppose him. When they were close to each other—for they were to fight on that day or the next—God exacted from the Turkmen vengeance for the merciless enslavement, because that tyrant grew sick and died. His troops left him unburied and departed, arriving in the K'ajberunik' land, weeping and pitifully trodden. They encamped at the Christian monasteries and villages until springtime; and when they departed, they pillaged everything. [Yusuf's] son, named Aspahan, greatly aided and pitied the believers, freeing all to go to the district of Rshtunik'. And by a hairsbreadth we escaped Chaghatai's [the Timurid] army, for like a swiftly flying eagle they fell upon the Turkmen troops in the Taron country. Leaving behind their booty and loot, they secretly reached the country of Syria, the plain of the city of Amida.

Now Yusuf's son Iskandar had not been with his father, rather he had remained in his own place. Now he came from Baghdad, gathered up his father's troops and the braves of Hizan, and came to the Bagrewand district, close by the holy congregation built by Trdat and Gregory the Illuminator, planning to go against Shahrukh. The latter reached Her and Zarewand district and finally Berkri.

---

37 *Shah-Ruh:* Shahrukh Mirza: 1404-1447.

Եւ համբաւ գալոյ Սքանդարին եհաս առ նա. եւ դարձեալ անհուն բազմութեամբ եկն եհաս ի յԱրճէշ. փոս ետ հատանել յերկուս տեղիս՝ մինն ի յԱրճէշ եւ մինն՝ ի Ջուապսակ մինչ ի լեառն Աղու. եւ ի միւս օրն ելեալ գնաց ի դաշտն Ապահունեաց՝ ի Խանազահն, եւ փոս եհատ յահէ զօրացն արի եւ զօրեղ զօրականին Սքանդարին: Եւ հասեալ ի Վաղարշակերտ, ի դաշտն Բագրեւանդայ՝ ճակատ առ ճակատ բանակեցան: Եւ մտեալ ի պատերազմ՝ հարկանէին զմիմեանս. եւ արի եւ քաջ պատերազմողն մտեալ ի մէջ անթիւ զօրացն Շահ-Ռուհին, եւ զբազումս սատակեալ ի զօրաց Չաղաթային, եհատ զռնգունս փղին, եւ մի կին ի ծառայից նորա յափշտակեալ ի տանէ Շահ-Ռուհն. եւ արկ ահ եւ երկիւղ ի վերայ արեւելեան գնդին: Իսկ Շահ-Ռուհն այն կայր առանց երկիւղի յահէ նորին: Ապա երթեալ ի ծառայիցն ասեն ցնա զի՞ կաս խաղաղութեամբ, ահա՛ կորեաք յահէ քաջ եւ մենամարտիկ որդւոյ Յուսուփին: Իսկ նորա ելեալ ի խորանէ խորանին՝ հրաման ետ զուղտ եւ զանասունս տանել զառաջեաւ զօրուն. եւ գոչեցին առ հասարակ միաբերան, եւ կախարդքն ձգեալ զթուղթն ի վեր ի յերկինս, եւ հանեալ զսուրս իւրեանց՝ ի վերայ նոցա դիմեցին: Եւ վաղվաղակի եւ առժամայն ի սուր սուսերի հարեալ կոտորեցին զզօրս անհնազանդ Թուրքմանին:

Աստ էր տեսանել զաղէտ տարակուսանաց նոցին. զի գոչումն աղաղակի նոցա սարսեալ դողացուցանէր զերկոսին կողմանսն, որպէս քաջքն Վարդան եւ Մուշեղ արարին Պարսից: Այլեւ հայր ուրացաւ զորդի, եւ որդի՝ զհայրն, մայր՝ զդուստր, եւ դուստր՝ զմայրն:

The news of Iskandar's arrival reached him. With an infinite multitude he came to Archesh, and ordered two trenches to be dug, one at Archesh, and one at Jrapsak[38] close to Aghu mountain. The next day he arose and went to the plain of Apahunik', to Kanagah and had a trench dug from fear of the troops of the brave and powerful warrior Iskandar. Reaching Vagharshakert, [the armies] encamped face to face on the plain of Bagrewand. Joining battle, they struck at each other. The manly and valiant warrior [Iskandar] went into the midst of Shahrukh's army killing many of the troops of Chaghatai [the Timurids], cutting off the trunk of an elephant, and ravishing one of the serving women from Shahrukh's house. He cast dread and terror over the eastern army. Yet Shahrukh had no fear of him. His servants came to him and said: "Why are you at peace, behold we have lost ourselves from fear of the valiant, single-combattant son of Yusuf." [Shahrukh], emerging from the tent ordered that camels and animals be taken before the troops. They cried out in unison, the witches tossed paper into the air, they unsheathed their swords and attacked. At once, without delay, they put the troops of the disobedient Turkmen to the sword and destroyed them.

Here one could witness their calamitous anguish, for their clamor made both sides quake as though chilled, just as the braves Vardan and Mushegh made the Persians tremble. Father disowned son, and son, father; mother disowned daughter, and daughter, mother.

---

38 *Jrapsak:* Hrapsak or Iwsapak in other extant manuscripts.

Եւ երկու եղբարք Սքանդարն եւ Ասպահանն մազապուրծ եղեալ գնացին փախստական սակաւ զօրօք ի ներքին կողմն աշխարհին ի Մերտին, ի Մաւսլ: Եւ ամենայն զօրքն եւ խիզան անկան ի ձեռս Չաղաթային: Եւ ի նոյն տեղի ուր զգերիքն բաժանեցին զհայոց եւ զվրաց. ի նոյն տեղիքն եւ նոքա գերեալք, եւ ի նոյն տեղիքն անթիւք եւ անհամարք սատակեալք կործանեցան: Եւ ո՞վ կարէ ընդ գրով արկանել զճիչ եւ զաղաղակ տղայոց անօրինաց, որ ի նոյն տեղիք մնացին, եւ ամենեքեան սովալլուկ եւ գազանակուրք աղեն: Եւ այս էր ի թուականիս մեր 870 ամին:

Եւ Չաղաթայն առեալ զառ եւ զաւար՝ գնաց ի Խորասան ուստի եկեալ էր: Եւ փախուցեալ որդիքն Յուսուփին՝ գնացեալ ի ներքին կողմն աշխարհին: Գիտացեալ զերթալ նոցին եկն վաղվաղակի Ասպահան ճանապարհաւն Բաղիշու, գնացեալ ի Թաւրէզ նստաւ անդ սակաւ զօրօք աւուրս ինչ: Եւ միւս եղբայր Սքանզարն եկն Պաղտատու ճանապարհաւն. մտեալ ի Թաւրէզ փախոյց զեղբայրն եւ էառ զաշխարհն ամենայն, եւ նստաւ թագաւոր ի վերայ կողմանց մերոց աշխարհաց: Եւ եղբայր նորա եկն ի Բասէն, եւ էառ զամուրն Աւնկայ: Եւ ի միւս ամին գնաց առ միւս եղբայրն ի Բաղդատ Շահ Մահմուտ կոչեցեալ, եւ համբերեալ զերկու ամ. եւ ապա միաբանեցոյց զզօրս իւր ի վերայ եղբօրն իւրոյ, եւ էառ զամենայն աշխարհն Բաբելացւոց: Եւ նա փախուցեալ ի յեղբօրէն՝ անկաւ ի ձեռս Չաղաթային, որ եւ սպանին զնա զի էր այր խաղաղարար եւ քրիստոնեասէր: Եւ բազումք ասէին թէ Քրիստոսի ծառայ էր:

The two brothers Iskandar and Aspahan, escaping by a hairsbreadth with a few troops, fled to the inner reaches of the land, to Merdin and Mowsil. And all the troops and families[39] fell into the hands of Chaghatai. In the very place where they had divided up the Armenian and Georgian captives, they themselves were enslaved, and in the same spot countless hosts of them were killed. Who can put into writing the screaming and clamor of the infidel youths who remained in that very place, and all who died of hunger and were eaten by beasts. This occurred in the year 870 of the Armenian Era [1421].

And Chaghatai, taking the booty and plunder went to Khurasan whence he had come; while the sons of Yusuf fled to the inner reaches of the land. Learning about [the Timurids'] departure, Aspahan quickly went to Tabriz by the Baghesh [Bitlis] road and for some days besieged it with a few troops. Now the other brother, Iskandar, came by the Baghdad road, entered Tabriz, put his brother to flight, took the entire land and sat as king over all parts of our land. His brother came to Basen and took the stronghold of Awnik. The next year he went to his other brother named Shah Mahmut in Baghdad, and waited for two years. Then he reunited his army against his brother and took the whole land of Babylonia. [Shah Mahmut], fleeing from his brother, fell into the hands of Chaghatai who killed him, for he was a peace-loving and philo-Christian man. And many said that he was Christ's servant.

---

39 Shahnazarean notes that *xizan* may mean family/clan, if not the name of a district.

Եւ Ասպահանն այն ելից արեամբ զաշխարհն Բաբելացւոց զի առնոյր զգանձս աշխարհին եւ ծածկէր գաղտնի եւ զպահող գանձին սպանանէր. ոչ ի Տաճիկ խնայէր եւ ոչ յԱսորի: Աւերեաց եւ գերեաց զՄօսուլ եւ զՍնջար եւ զԹկլաղ եւ զամենայն աշխարհն եւ ապա կկն ի վերայ Ջիզիրու՝ անթիւ արիւնս արար: Եկն ի վերայ Մերտնայ եւ սպան երեսուն քրիստոնեայս: Եւ տէրն Մերտնոյ, որդին Օթմանին սուլդան Համզէն եկեալ ընդ առաջ նորա, էառ զամենայն զօրս նորա եւ զկողոպուտ, եւ ինքն մազապուրծ փախեալ ի ձեռաց նորա. զի արիւն անմեղացն գոչեալ առ Աստուած՝ կորուսին զնա եւ զզօրս նորա:

Իսկ Սքանդար որ նստաւ թագւոր ի Թաւրէզ Շահաստանին յ871 թուականին՝ եկեալ զօրօք իւրովք ի վերայ Խլաթայ, եւ առեալ զերկիրն զամենայն՝ նստաւ ի վերայ բերդին Աղուանից: Եւ Շարաֆ անուն քուրդ մի անմիտ քրիստոնէիւք, ապստամբեալ՝ ի բերդէն հայհոյէին զնա: Իսկ նորա բարկացեալ, հրաման ետ զօրացն նետաձիգ լինել ի վերայ նոցա, Եւ առ ժամայն առին զնա. եւ սուր ի վերայ քրիստոնէիցն՝ 150 ոգի սպանին ի ժողովդրենէն որ անդ կային եւ 60 հոգի մին գարշաղէմ քրիստոնէի զենուլ ետուն՝ ի Ծղակայ եւ յԱղուանից, եւ զայլ բազմութիւն կանանց եւ տղայոց առեալ տարան գերի, եւ կորուսին զբազումս:

Aspahan filled Babylonia with blood, for he had taken the land's treasures, secretly hid them, and killed the treasurer. He spared neither Tachik nor Asori. He destroyed and enslaved Mowsil, Sanjar, T'klad and the entire land and then came against Jazira, shedding much blood. He went against Merdin and killed thirty Christians. The lord of Merdin, son of 'Uthman, Sultan Hamze, came up before [Aspahan], [Spandiar (Ispend, Espan), son of Qara Yusuf] seized all his troops and loot, and he himself escaped by a hairsbreadth from his hands. The blood of the innocent cried out to God, destroying him and his troops.

Now in 871 A.E. [1422], Iskandar, who sat as king in Tabriz shahastan, came with his troops against Xlat' and taking the entire country, besieged Aghvanits' fortress. A Kurd named Sharaf together with some foolish Christians cursed him from the fortress in rebellion. Angered, [Iskandar] ordered his troops to shoot arrows at them and they took it immediately. Putting swords to work, they killed one hundred fifty Christians of the people located there and sixty souls they gave as a hideous sacrifice of Christians in Tsghak and Aghvanits'; they took a multitude of women and children as slaves, and they killed many. There were some few who were returned, purchased with silver. But from that day forth, there was weeping and lamentation for the entire Armenian people until the day of [Iskandar's] death.

Եւ էր, զհսակաւ գնեալ արծաթով ի յետս դարձուցին. եւ յայնմ օրէ ի հետ ի լաց եւ ի սուգ նստաւ ամենայն ազգս Հայոց մինչ ի վերջին օր սատակման նորա: Եւ յերկրորդ ամին եկն ի վերայ Բաղիշու եւ Խլաթայ. կոչեաց զամիրայն Շամշատին փեսայ իւր եւ ասէ «տո՛ւր ինձ զբերդն Խլաթայ»: Եւ նորա գնացեալ ընդդէմ բերդին՝ արձակեաց զգօտին որ ի միջին, եւ պինդ կապեալ՝ դարձեալ: Եւ էմիրն այն զվարշամակ գլխոյն ի վայր ձգեաց նշան տալով թէ զգլուխս հատանեն զդղեակն մի՛ տայք. այլ պի՛նդ պնդեցէք զգօտիս ձեր: Իսկ նորա բարկացեալ՝ հրաման ետ զօրաց իւրոց հատանել զգլուխ նորա: Եւ ըմբռնեալ զտէրն Ռշտունեաց սուլդան Ահմատ անուն՝ զորդի Եզդին ամիրային, եւ փութանակի եկն ի վերայ դղեկին Վանայ, եւ աւերեաց զաշխարհն ամենայն. եւ նստաւ չորս ամիս ի վերայ նորա. եւ ի խսարին բերդին անթիւ եւ անհամար քրիստոնեայք մեռան ի սովոյ եւ ի ջրոյ. եւ փորացաւ եղեալ բազումք մեռանէին:

Եւ ի նոյն ամի ոչ կարաց առնուլ զնա. Այլ երթեալ ի Թաւրէզ՝ ի նոյն ամին լռեաց. եւ զորդի Եզդին ամիրային զսուլթան Ահմատն սպան ի բերդն Երնջակայ: Դարձեալ ի միւս ամին 874 թուականին եկն դարձեալ ի վերայ Վանայ, եւ նստաւ ի վերայ նորա. եւ նեղեալ որդի Քրդոյն Մէլիք Ասդ անուն՝ ետ ի նա զբերդն. եւ ազատեալ՝ ելեալ գնաց կահիւք եւ ընչիւք ի Ջուլամերկ: Եւ ի նոյն ամին սպանին զհօրեղբայրն նորին Պահաթին անուն առեալ զերկիրն Ռշտունեաց եւ զկղզին Աղթամարայ. եւ բազումք ի քրիստոնէիցն աստ եւ անդ շրջեալ ի լերինս եւ ի բլուրս սովալլուկ եւ սովատանջ եղեալ մեռանէին: Եւ ոչ կարեմ ընդ թիւ արկանել զմեռեալսն, եւ զողբումն, զլացն եւ զաղաղակն, եւ զկորուստ ազգիս մեր, որ եղեւ ի չար բռնաւորէն եւ ի նեռին պիղծ եւ անօրէն կարապետէն:

The second year he came against Bitlis and Xlat', summoned his brother-in-law Shams al-Din and said: "Give me the fortress of Xlat." [Shams al-Din] went near the fortress, untied the belt around his waist, then tied it again tightly. And the emir let his head kerchief fall, thereby signaling that "if they behead me, do not surrender the fortress. Rather, tighten your belts." [Iskandar] became angry and commanded his soldiers to behead [Shams al-Din]. He seized the lord of Rshtunik', sultan Ahmad, son of emir 'Izz al-Din, and suddenly came against the fortress of Van and ravaged the entire land. He besieged Van for four months and during the siege of the fortress countless hosts of Christians died of hunger and thirst, and many died of stomach pains. But he was unable to take Van that year. Instead, he went to Tabriz and was quiet during that year. He killed emir 'Izz al-Din's son, sultan Ahmad, in the fortress of Ernjak.

The next year, 874 A.E. [1425], he once more came against Van and besieged it. Placed into straits, K'urd's son Melik' Asd gave the fortress to him, and, at liberty, he took his goods and belongings and went to Julamerk. That very year they killed his father's brother, named Pahat', taking the Rshtunik' country and the island of Aght'amar. Many Christians, wandering about the mountains and hills, died of hunger and weakness. And I cannot put a figure on the number killed, or [describe] the lamentation, weeping, clamor and destruction of our people occasioned by the wicked tyrant, the filthy, impious precursor of the antichrist.

Եւ ի սոյն աւուրս եկն նենգաժոտ եւ անողորմ քուրդն Բաղիշոյ ի վերայ աստուածապահ քաղաքին Արծկոյ, եւ հարեալ, սպանեալ, սրախողխող արարեալ զբազումս յազգաց մերոց մանաւանդ զաստուածապատիւ եւ զաստուածապարփակ, զողորմած եւ զերջանիկ վարդապետն Գրիգոր՝ զորդի ծերին Խլաթեցւոյ ի սուրբ ուխտն Դաստակ, որ Ցիպնավանք վերակոչի: Եւ սուգ եղեւ ամենայն ազգիս Հայկազնոյ. վասն զի զարդարէր զեկեղեցիս Հայոց յայսմաւուրօք, եւ կորուսեալ ճառիւք, գանձիւք, տաղիւք. եւ 55 ամ գիրս գրեաց եւ զամենայն աղքատաց բաժանեալ: Եւ հեզահոգի եւ յոյժ ուսումնասէր գոլով եւ մարտիրոսաց պատուող՝ մարտիրոսաց պսակաց եհաս: Եւ էր սա աշակերտ մեծին Սարգսի վարժապետին Հայոց, եւ ութն ամ աշակերտեալ Յովհաննու Որոտնեցւոյ, աշակերտակից մեծին Տաթեւացւոյ:

Դարձեալ ի սոյն ամի անողորմ վիշապն եւ արեանարբու գազանն գնաց ի յՈրմի քաղաք Հայոց, եւ աւերեաց զամենայն աշխարհն, եւ սպան 700 Տաճիկ հատանելով զգլուխս նոցա անողորմն եւ չարագործ. եւ բազում գերիս էառ եւ ջնջեաց զազգս Հայոց ըստ տեսութեան մեծին Ներսիսի թէ ջնջեսցի ազգն Արամայ յազգէն Նետողաց: Դարձեալ յ878 թուականիս զօր ժողովեաց, գունդ կազմեաց եւ ելեալ գնաց ի վերայ քաղաքին Սուլթանիոյ. եւ չորս ամիս խսարեալ էառ զնա. եւ զամենայն զօրսն որ անդ կային՝ սուր ի վերայ եդեալ զենեաց զամենեսեան աւելի քան զ300 հոգի:

The same year the stinking and pitiless Kurd of Bitlis came against the God-kept city of Artske and put many of our people to the sword, including the goodly, God-inspired, merciful and blessed vardapet Grigor, son of Tser of Xlat', of the blessed congregation of Dastak, named Ts'ipnavak'. And the entire Armenian people mourned. For [Grigor] had embellished the churches of Armenia with menologies, lost homilies, canticles and hymns, and for fifty-five years he wrote books [or copied them] and gave everything to the poor. Being meek, extremely studious, and a reverer of martyrs, he received the martyr's crown. He was a student of the great Sargis, vardapet of Armenia, and studied for eight years with Yovhannes Orotnets'i, a classmate of the great Tat'ewats'i.

In the same year [Iskandar], that merciless dragon and bloodthirsty beast, went to the Armenian city of Ormi, wrecked the entire land, killed 700 Tachiks and pitilessly, wickedly beheaded them, took many slaves and exterminated the Armenian people, in accordance with the prophecy of the great Nerses that "the Nation of Aram will be wiped out by the Nation of the Archers." Again, in the year 878 A.E. [1429], [Iskandar] mustered troops, formed a band, came against the city of Sultaniyeh, and took it after a four months' siege. He put to the sword and sacrificed all the troops found there, more than 300 souls.

Եւ նոքա աղիողորմ կսկծէին, գոչէին լալով եւ ար-տասուօք եւ ասէին «դու Տէ՛ր վրէժխնդի՛ր լեր արեան մեր». եւ զտէրն տեղւոյն ըմբռնեալ զԵլիաս՝ Խօջու որդին, եդ յամուրս իւր: Եւ էր տէր տեղւոյն որդի քենւոջն Շահ-Ռուհին՝ թագաւորին Մարաց եւ Պարսից կողմանցն Արեւելից եւ Խորասանու: Եւ նորա շարժեալ ի բարկութիւն՝ եկն անթիւ եւ անհամար զօրօք իբրեւ զաստեղս երկնից բազմութեամբ, մեծահանդէս պատերազմական պատրաստութեամբ ի վե-րայ յիմար եւ անզգայ եւ անհնազանդ եւ հպարտ եւ գոռոզ բռնաւորին Սքանդարին:

Եւ նորա փախուցեալ ի նմանէ եկն նստաւ ի վերայ նորա ի Սալամաստ ճակատ առ ճակատ եւ թիպ առ թիպ. եւ ոչ ետ թոյլ զօրաց իւրոց փախչիլ ի բարկութենէ զօրաց Չաղաթային, վասն զի կախարդութեամբ կապեցին զնա մինչ զի ոչ նետ մի կարաց հանել ի կապարճից թարքաշին իւրոյ. այլ խոյս ետ եւ փախեաւ ի պատերազմի ժամուն ի քաջութեան տեղեացն այն որ ասէր մին հազարով իմով ընդ բիւրաւորս նոցա պատերազմեմ: Ոչ գիտէր եւ ոչ իմա-ցաւ եւ ոչ ոք իմացուցանել կարէր վասն գոռոզութեան բա-րուց իւրոց. եւ ոչ իմացաւ եղկելին թէ սիրտ թագաւորի ձեռին Աստուծոյ է, եւ նա տայ զյաղթութիւն եւ հաւատա-ցելոց եւ անհաւատից: Իսկ նա ի բազուկս իւր յուսացեալ կամէր գործ յաղթութեան ցուցանել. եւ ոչ ետ նմա Աստուած զօրութիւն յաղթութեան. այլ մատնեցաւ ամենայն զօրօք իւրովք ի ձեռս Չաղաթային. եւ գերեաց զամենայն Թուրք-մանս եւ զբազումս ի քրիստոնէից, եւ առեալ տարաւ ի ձմե-րայնոցն Ղարաբաղ. եւ անդ անցոյց զդառնաշունչ աւուրս ձմերայնոյն:

Pitifully sobbing, they cried out through their tears, "Lord, avenge our blood." Seizing the lord of the place, Elias, Xaji's son, [Iskandar] put him in his own fortress. Now this lord [Elias] was the son of the sister-in-law (wife's sister's son) of Shahrukh, king of Media and the Persian parts of the East and Khurasan. Moved to anger, [Shahrukh] came with troops as countless as the stars in the sky, in solemn military preparedness against the foolish, unfeeling, disobedient, proud and arrogant tyrant, Iskandar.

The latter fled from him, but he came and camped opposite [Shahrukh] at Salmast, front to front, division to division. He did not permit his troops to flee from the wrath of Chaghatai's army, since through sorcery he had bound him such that he was unable to remove one arrow from his quiver. But during the time of battle, he slipped away and fled saying: "I shall pit a thousand of my men against ten thousand of them." The deplorable creature neither knew nor understood, nor (due to his arrogant nature) did anyone want to inform him that a king's heart is in the hand of God Who gives victory to believers and unbelievers. [Iskandar], trusting in the strength of his arm, wanted to display a triumphant deed, but God did not give him the strength of victory. Rather, He betrayed his entire army into Chaghatai's hands. All the Turkmens and many Christians were captured, taken to the wintering place of Karabagh where [Shahrukh] passed the blustering wintertime.

Իսկ զօրքն Սքանդարին որք զերծան ի պատերազմին՝ զաղտագողի աստ եւ անդ փախչելով՝ եկեալ ի յերկիրն Քաջբերունեաց՝ առին զքաղաք եւ զգեղ, զվանք եւ զաւան, կողոպտեցին եւ աւերեցին, ոչ հացի եւ ոչ խոստակի ետուն մնալոյ. այլ գազանաբար պատառեցին. եւ բարկութիւնն Աստուծոյ ի վերուստ եւ ի ներքուստ պատեալ ունէր զծովեզերս այս. ի վերուստ ձիւն էր եւ տեղատարափ, եւ ի ներքուստ՝ դառնութիւն անօրինաց: Եւ մեք մազապուրծ եղեալ կամեցաք մտանել ի կղզին Լմայ. եւ իբրեւ մտաք՝ տեղի ոչ գտաք նստելոյ եւ յառնելոյ եւ ոչ զոգեպահ կերակուր պատրաստելոյ վասն ահագին բարկութեանն Աստուծոյ եւ սաստիկ անձրեւին եւ ձիւնին: Եւ սիրով ընկալան զմեզ հոգեւոր եղբայրն մեր վարդապետն Յովհաննէս:

Եւ մինչ յայս նեղութիւնս կայաք յանկարծակի զօրք բերդին Ամկայ չար եւ անօրէն պիղծ իշխանն նոցա Հաջիպէկ անուն նստեալ ի նաւ եկն ի կղզին. Եւ ըմբռնեալ զամենայն քրիստոնեայսն մեր պահանջէր ի նոցանէ ոսկի եւ արծաթ. Եւ յերեկոյի ժամէն մինչեւ ի լոյս առաւօտուն 40,000 դահեկան էառ. բայց ի համարս մեր աւելի քան զ100,000: Եւ յահէ նոցա կամէաք զի ծովն ընկղմէր զմեզ տեսանելով եւ լսելով զաղաղակ եւ զճիչ կանանց եւ որդւոց նոցա. վասն զի հարկանէին զամենեսեան եւ բրածեծ առնէին:

Եւ մինչդեռ յայս խորհրդի էաք թերեւս ելցուք ի ծովու միջէն՝ եկն եհաս համբաւ բօթալից եթէ Օթման Թուրքմանն եկաւ ի յԱրճէշ քաղաք, եւ կողոպտեաց զմնացեալ հաւատացեալսն, որ անդ կային զի էր նա թշնամի Սքանդարին եւ զօրաց նորին, եւ նորա խրատովն յաղթեաց Շահ-Ռուհին պիղծ Թուրքմանին: Եւ առակ սրբոյն կատարեցաւ ի վերայ մեր: Փախուցեալ ի միեղջերուէն՝ անկաւ ի ձեռս օձին:

Now those of Iskandar's soldiers who had survived the warfare, secretly fleeing hither and thither, came to the K'ajberuni country, took city, village, monastery and awan, and robbed and destroyed, leaving neither bread nor grass, bestially tearing everything apart. Above and below the wrath of God enveloped this seashore. From above, there came snow and showers of hail and here below was the bitterness of the infidels. Escaping by a hairsbreadth, we wanted to go to the island of Lim, but once we had arrived, we found neither place to sit or stand nor sustaining food to prepare because of the frightful rage of God, and there was severe rain and snow. Our spiritual brother, vardapet Yovhannes received us affectionately.

And while we were experiencing this tribulation, suddenly the troops of Amka fortress' wicked, loathsome infidel prince named Hajipek came to the island by boat, seized all of our Christians and demanded gold and silver. From evening until dawn [Hajipek] took 40,000 dahekans, though actually more than 100,000. Out of fear of them we willed the sea to drown us, [after] seeing and hearing the clamor and screaming of women and their children. For they struck them and beat them with sticks.

And while we were thus thinking that we would arise from the midst of the sea, disastrous news reached us, that the Turkmen 'Uthman had come to Archesh city and robbed all the believers remaining there, since he was an enemy of Iskandar and his forces. It was on his counsel that Shahrukh vanquished the abominable Turkmen. And the saint's proverb was fulfilled regarding us "fleeing from the unicorn we fell victim to the snake."

Այլ յայսմ վայրի եհաս ողորմութիւն բարերարին Աստուծոյ ի յօգնութիւն տառապեալ ազգիս. զի փախուցեալ Սքանդարն, որ զերծաւ ի Չաղաթայէն եւ եկեալ ի Վանայ քաղաքն, բարկութեամբ զարթեաւ ի վերայ զօրաց իւրոց գալ եւ հանել զփոռնակն զայն որ տիրեալ էին զաւառիս մեր եւ պատառէին զամենեսեան իբրեւ զչար գազանս: Եւ հանին զպիղծ գազանսն ի քաղաքէ, ի գեղէ եւ ի վանօրէիցն: Եւ մեք զերծեալք ի նոցանէ՝ սակաւ մի հանգիստ առաք զաւուրս ձմերայնոյն ամիսս երեք. զի այս դառնութիւնս էր ի Վարագայ խաչին պահոցն: Իսկ ի գարնանային ժամանակին փախուցեալ Սքանդարն այն ի Չաղաթայէն որ աստ եւ անդ գաղտագողի շրջէր, երբեմն ի Թաւրէզ, երբեմն ի յամուրն Երնջակայ եւ յայլ տեղիս. ապա եկն նստաւ ի վերայ Արճկէ քաղաքին, զոր առեալ էին բնական տեարքն քաղաքին Սաւալան անուն: Եւ սակաւ աւուրս նստաւ ի վերայ նորա, եւ պատերազմ մեծ եղաւ ի վերայ. եւ քրիստոնեայքն եւ այլազգիքն գուն քաջութեան գործեցին, եւ աղօթք ամենեցուն անպակաս լինէր զի սպառնայր չար վիշապն զամենեսեան սրոյ ճարակ առնել. եւ ամենայն գաւառն յամրոցին կային: Եւ յանկարծակի չար զօրքն Չաղաթային 20,000 ոգի առաջնորդութեամբ որդւոյ Շահ-Ռուհին Ջօնգայ անուն՝ իբրեւ զարծիւ սրընթաց ի վերայ քաղաքին հասին. եւ տեսեալ զօրաց Սքանդարին՝ ահաբեկ եղեալ մեռանէին զի յանպատրաստի կային. եւ գոչէին զի՞ կաս Ամիրզայ՝ թշնամիքն եկեալ հասին: Եւ նա իբրեւ թէ ոչ երկնչիմ ի նոցանէ, կամակար եւ առանց փութոյ զգեցաւ զզրահ իւր եւ զամենայն գործիս պատերազմին, եւ ելեալ գնայր առաջի նոցա սակաւ զօրօք 1,000 ոգով աւելի կամ պակաս ճանապարհաւն Կորոյ Ձորոյ յետ լերին սուրբ ուխտին Սքանչելագործին: Եւ նոքա սրտապնդեալք, 20,000ու ելեալ զհետ նոցա՝ ոչ կարացին մտանել ի մէջ նոցա եւ ըմբռնել զնա:

But at this point the mercy of benevolent God aided our overturned people. For the fugitive Iskandar, who had slipped away from Chaghatai and had come to the city of Van angered at his forces, came and removed those monsters who were ruling our district and ripping everyone apart like wicked beasts. And they removed the loathsome animals from the city, village and monastery. Freed from them, we had a brief respite for three winter months. This bitterness occurred at the time of the feast of the Cross of Varag. Now in springtime, Iskandar (who had fled from Chaghatai and was stealthily roaming about hither and thither, sometimes in the fortress of Ernjak and other places) came and besieged the city of Artske which the native lords of the city named Sawalan had taken. He besieged it for a few days and fought a great battle over it. The Christians and foreigners strove greatly, all of them praying that the wicked dragon would be slain and all [his forces] killed. The entire district was holed up in the fortress. Then suddenly the wicked forces of Chaghatai, 20,000 people led by Shahrukh's son Jonka, reached the city like a swiftly-moving eagle. When the troops of Iskandar saw this they expired from terror, because they were unprepared. And they cried out: "What will you do Amirza, the enemy has arrived." As though unafraid, [Iskandar] willingly and without haste, donned his armor and all military weapons, and went before them with a small force of about 1,000 men by the Kur valley road behind the mountain of the blessed congregation of the Miracle-Worker. [Jonka's] troops, 20,000 strong, pursued [Iskandar] but were unable to break through his ranks and capture him.

Այլ մի զօրեղ զօրական եւ քաջ մենամարտիկ ելեալ ի Չաղաթայէն արշաւեալ երիվարաւն գոչեաց առ նա «Աթալբայ Սքանդար յե՛տ դարձիր զի տեսանեմք զիրեարս զի ի Խորասանոյ ի հետ առ քեզ եկեալ եմ ի պատերազմել»: Եւ նորա յետս դարձեալ, զսուրն ի ձեռին առեալ եհաս առ նա եւ ասէ «ի Խորասանո՞ւ եկեալ ես, կատարեցից զխնդիրս քոյ». եւ եհար զնա սրով ի պարանոցէն մինչ ի մէջսն յերկուս բաժանեաց: Եւ տեսեալ զնա ամենայն զօրացն արեւելեան ահաբեկ եղեալ եւ յապուշ դարձեալ ասէին «ո՛վ կարէ գնալ զհետ սորա զի այնպիսի ահագին եւ անպատմելի քաջութիւնս գործեաց սա»: Եւ այնուհետեւ այլ ոչ պատերազմ ի գործ արկին. այլ ահիւ զկնի նորա երթային: Եւ նա աներկիւղ երթեալ հասանէր ի գաւառն Բասենու: Իսկ բազմութիւն քաղաքին Արծկոյ ելեալ ի քաղաքէն՝ զառ եւ զաւար Թուրքմանին որ մնացեալ էր ի Չաղաթայէն՝ ի ներս ի քաղաքին ժողովէին. եւ չար զաւակն եւ որդին կորստեան ոչ գնաց զկնի նոցա. այլ յետս դարձեալ եկն ի յերկիրն Արճիշու:

Եւ բազմութիւն քրիստոնէիցն՝ կարգաւորաց եւ աշխարհականաց ի լերինս եւ ի բլուրս, ի ծերպս եւ ի ծակս վիմաց փախուցեալք կային: Եւ նոցա շրջապատեալ զլեռամբն, իբրեւ զարծիւ որ որսայ զթռչունս երկնից, գոչէին, ձայնէին, երիվարաւն արշաւէին, զսիրտս արանց եւ կանանց ճմլէին, իբրեւ զօր դատաստանին սոսկալի եւ սարսափելի պատուհասի հասին, զմեծամեծքն սպանանէին, զոմանս թլպատէին եւ հաւատոց բեկանէին եւ զկին եւ զորդի ի հարանցն յափշտակեալ գերի առեալ տանէին:

However, a strong warrior and brave single-combatant came from Chaghatai, charging on his horse crying: "At'alba Iskandar, turn back that we may see each other, for I have followed you from Khurasan to fight." Turning back, sword in hand, [Iskandar] reached him and said: "From Khurasan? Let me end your quest," and he struck him with the sword, cleaving him into two parts from neck to waist. Seeing him, all the eastern troops were awestruck and dumbfounded, saying: "Who could pursue him after he worked such frightful unrelatable valor?" And thereafter they did no battle, but followed him in dread. Fearlessly [Iskandar] went to the Basen district. Now the multitude of the city of Artske emerged from the city and gathered up all the Turkmen booty and loot remaining from Chaghatai. The wicked descendant and son of destruction did not pursue them, but turned back and went to the Archesh country.

There were many Christian clerics and laymen wandering around as fugitives, in the mountains and hills and in caves. But [the enemy] surrounded the mountain like an eagle hunting a bird from the sky, roaring and shrieking. They attacked with horses; and the hearts of the men and women wilted when they arrived like the terrible and frightful Day of Judgement. They killed the grandees; some they circumcised and dragged from the faith and led into captivity away from their fathers, women and children.

Գոչէր մայրն առ որդին եւ որդին՝ առ մայրն «մա՛յր իմ՝ ո՞ տայր ինձ տեսանել զքեզ»: Եւ մայրն՝ առ որդին. «ո՞վ որդեակ իմ՝ վա՜յ է ինձ եւ եղո՜ւկ, վա՜յ աւուր քոյ ծննդեան. Վա՜յ ինձ եւ վա՜յ հօր քոյ աւետեաց, վա՜յ բեկեալ բազկիս որ զքեզ բարձի ո՛րդեակ՝ երթեա՞լ գնաս ի ծով դառնութեան. մի թէ Քրիստոս քեզ ճար ազատութեան արասցէ՞»:

Եւ այս կսկիծ դառնութեանս անճառելի՛ է ընդ գրով արկանել զայս աղէտ տարակուսանաց նեղութեանս: Բայց սակաւ մի ծանօթութիւն տամ յետ մեզ եկելոցդ զի լալով լայք զկորուստ հայոց ազգիս Հայոց, զի անձամբ ի ներս կայաք: Եւ նոցա առեալ զառ եւ զաւար եւ զողորմելի մանկունս մեր անթիւ եւ անհամար ի քաղաքէ եւ ի գեղջէ, եւ երթեալ ի Տոսպ գաւառ յերկիրն Վանայ ի յոտն սուրբ ուխտին Վարագայ՝ յանկարծակի հասեալ ի վերայ նոցա առաջնորդութեամբ պիղծ եւ անհաւատ քրդով մի Սեւդին անուն ի տանէ եւ ի յազգէ բարբարոյ եւ աշխարհաշէն ամիրային Եզդին եւ Մելիքին, որ ունէր զերկիրն Բերկրոյ. եւ գերեալ զամենայն գաւառն անթիւ եւ անհամար զկանայս եւ զորդիս ամենայն հաւատացելոցն, առեալ տարան ի Խորասան:

Եւ ճիչն եւ վայն եւ եղուկն տիրեաց մեզ: Եւ մեք բազում անգամ հարցաքննութեամբ ի խնդիր ելեալ թերեւս գտանէաք զթիւ համարոյ գերեացն զԱրճիշու եւ զՎանայ. եւ ոչ ոք կարաց ստուգել, բայց միայն այսչափ զի երեք սարկաւագ ի սուրբ ուխտէն Մեծոփայ, եւ 27 գերի ի գեղջէն Աղոյ որ մերձ էին առ մեզ յազգէ եւ ի սիրելեաց ծանօթք զի գերեալք էին, եւ 10 գերի ի միոջէ տանէ ի գեղջէն Մաջառուց: Եւ վա՜յ մեզ եւ եղո՜ւկ յայնմ օրէ մինչեւ ցայսօր եւ առ յապա:

Mother cried out to son, and son to mother: "My mother, who will let me see you again?" And mother to son: "Why my son? Alas and woe is me, and woe the day of your birth. Woe to me and to your father that glad tiding. Alas may my arm which held you aloft break. Will you go to the sea of bitterness? Will Christ give you a means of getting free?" It is impossible to put into writing this disastrous, racking calamity. But I am providing a few details about it for those coming after us, that you mourn the destruction of the Armenian people, for we personally were there. They took booty and plunder and countless hosts of our pitiful children from city and village and went to Tosp district, to the Van country, to the foot of the blessed congregation of Varag. Under the leadership of a loathsome unbelieving Kurd named Sewdi (from the house and line of the goodly, constructive Amir Ezid and Melik who held the Berkri country) [they] arrived suddenly and enslaving countless multitudes of women and the children of all the believers, they led them away to Khurasan.

Screaming and lamentation ruled us. We frequently inquired that we might perhaps find out the number of slaves taken from Archesh and Van. No one was able to say for certain, but only this much: that three deacons [were taken] from the blessed congregation of Metsob and 27 captives,[40] close to our family and known to our dear ones, from the village of Agho were taken and ten captives from one house in Majaruats' village. Alas and woe to us, from that day until the present, and beyond.

---

40 Shahnazarean notes that one ms. has 67.

Եւ այս եղեւ ի յ879 թուականին ի Պէնտեկոստէին աւուրս: Դարձեալ ի ի Խաչի տօնի աւուրն եկն Սքանդարն այն, նստաւ ի վերայ Արծկոյ քաղաքին, եւ հնարէր զհնար առմանն: Իսկ քրիստոնէիցն խորհուրդ ի մէջ առեալ գաղտնի յանօրինաց, մանաւանդ խորհրդական եւ իմաստուն, իշխանակերպ եւ քրիստոսասէր տանուտէրն Մուրատայ անուն զհետ Արճիշոյ տանուտէրացն Յովհաննէս Փոքօ ձեռնաւորն եւ Գորգի մէլիքն Աղոյ տանուտէրն գնալ առ բռնաւորն Սքանդար եւ շիջուցանել զբարկութիւն դառնութեան նորա. վասն զի եկեալ էր առ ի կորուսանել սրոյ մահուամբ զաղքատ քրիստոնեայսն:

Եւ նոցա իջեալ առ նա աղաչանօք եւ աղերսիւք երդումն ետուն նմա զի մի՛ յիշեսցէ զառաջին ապստամբութիւնն եւ զանհնազանդութիւնն զոր արարին նմա, եւ մի՛ վնաս գործեսցէ նոցա: Եւ ողորմութեամբ Քրիստոսի շիջուցին զդառնութիւն նորա: Եւ նա երդուաւ ոչ ինչ վնաս գործել նոցա: Եւ ի մէջ գիշերի, իջեալ ի պարսպէն գնացին առ նա. եւ նա, անճառելի ուրախութեամբ լցեալ սիրեաց զամենայն քաղաքացիսն. եւ այգուցն մտեալ ի քաղաքն խաղաղութեամբ առանց կողոպտելոյ:

Բայց զտէր քաղաքին Սաւթին անուն սպանին եւ Դանիշման մի խորհրդակից նմա. եւ մազ մի ոչ կորեաւ ողորմութեամբն Աստուծոյ ի քաղաքէն զի քրիստոնէասէր էր եւ ողորմած ազգիս մեր: Այլ վասն հպարտութեան բարուց իւրոց ոչ ինքեան յաջողեցաւ եւ ոչ հաւատացելոցն. կորեաւ ինքն եւ կորոյս զազգս մեր:

This transpired on the day of Pentecost, in the year 879 of the Armenian Era [1430]. Once again on the day of the Feast of the Cross, Iskandar came and besieged the city of Artske and devised a stratagem for taking it. Now the Christians, secretly taking counsel about the infidel, especially the sagacious and wise princely philo-Christian tanuter named Murat, together with the tanuters of Archesh: the dzernawor Yovhannes P'ok'o and Gorgi Melik' tanuter of Agho, resolved to go to the tyrant Iskandar and to quench his bitter anger. For he had come to kill the poor Christians by sword.

They went down to him with supplications and entreaties and gave him an oath so that he would not remember the former rebellion and disobedience which they had shown him, and in no way harm them. By the mercy of Christ they quenched his bitterness, and he vowed to do no damage to them. In the middle of the night they came down from the walls and went to [Iskandar]. Filled with unspeakable joy, he treated all citizens with affection and in the morning entered the city in peace, without pillaging.

However, they killed the lord of the city, named Salt'in and a Danishman advisor of his. Through the mercy of God he did not harm a hair in the city, for he was philo-Christian and compassionate toward our people. But because of his arrogant nature neither he nor the believers were successful. He ruined himself and destroyed our people.

Իսկ ի գալ միւս ամին, որ մտաք յ880 թուականին, սով սաստիկ եղեւ ընդ ամենայն աշխարհս մեր հաւատացելոց եւ անհաւատից զի կերան զշուն եւ զկատու եւ զմեռելոտի, զձի եւ զջորի, զէշ եւ զուղտ: Եւ պարպեալ պակասեցաւ անասունն. եւ դիմեցին ի յուստերս եւ ի դստերս իւրեանց մինչ զի ի Թաւրէզ քաղաք կերեալ էին 1,000 ոգի գաղտնի եւ յայտնի, եւ աւերեալ վերին եւ ներքին կողմանքն: Այլ եւ ի Թաւրէզ, Հեր եւ Զարուանդ, Օշնի եւ Աղբակ, եւ դիմեալ գնացին ի կողմանս Քաջբերունեաց. եւ բազումք որ անդ մնացին՝ մեռանէին. եւ որք եկին յԱռեստ աւանի՝ ձկամբք եւ բանջարով շատանային:

Իսկ գազանքն, որ սովորեալ էին ուտել զմեռելոտիս, դիմեցին ի վերայ կենդանեացն, որք յերկիրս մեր կային: Մտանէր գայլն յԱրճէշ եւ յամենայն գաւառս մեր, զորդին ի մօր գրկացն առեալ պատառէր եւ ուտէր. թէ ի դաշտի դիպեալ յառնէր ի վերայ մեծաց եւ փոքունց եւ առ ժամայն պատառէր: Եւ աւելի քան զ100 ի յԱռճէշ գաւառի գայլն եկեր, թո՛ղ զաղքատս որ ի վերայ գետոցն Առեստոյ եւ Մարմետոյ կային: Եւ ի գաւառէն Այրարատեան, ի ձմեռնային եղանակին, ելեալ գնացին ի կողմն Վրաց եւ այնքան հաւատացեալք ի խստութենէ օդոյն մեռեալք եղեն. մինչ զի ոչ կարացին ի թիւ արկանել, որպէս պատմեաց մեզ հոգեւոր եղբայրն մեր Զաքարիա աբեղայն Տեղերացի: Եւ մոթ ցորեանն աւելի հանէր քան զ60 թանկայ ի պազարին Արճիշոյ:

Now at the coming of the next year, 880 A.E. [1431], a severe famine descended over the believers and unbelievers in our land. They ate dog, cat, corpse, horse, mule, ass, and camel, and the number of animals decreased therefrom. [The people] then turned to their sons and daughters, to the point that in the city of Tabriz, 1,000 souls were eaten, secretly and openly, and the upper and lower parts [of the land] were ruined. Others from Tabriz city, [from] Her and Zarewand, Oshni and Aghbak went to the K'ajberuni area. And many who were there died. But those who came to Arest *awan* multiplied through fish and vegetables.

Now beasts, grown accustomed to eating corpses, attacked those left alive in our country. Wolves entered Archesh and all our districts, took, tore to pieces, and devoured children from their mothers' embrace. They instantly ripped apart those folk, large and small, they encountered in the [open] plain. Wolves ate more than one hundred souls in the district of Archesh, to say nothing of the poor by the Arest and Marmet rivers. In wintertime so many believers perished from the cold weather, going from the Araratean district toward Georgia that it is impossible to calculate it, as our spiritual brother the monk Zak'aria Teghertsʻi told us. Furthermore, a mot' of wheat fetched more than 60 t'anks in the bazaar of Archesh.

Եւ մեռանէին ամենայն մարդիկ՝ բնիկք եւ օտարականք: Եւ առեալ ոմանց զանձինս իւրեանց՝ դիմեալ գընացին ի հեռաւոր աշխարհս՝ ի յԵրզնկայն, ի Խարբերդ, եւ ի յԱմիթ, ի յԱրղնի եւ ի Չմշկածակ: Եւ որք անտերունչ մնացին՝ մեռանէին ի սաստկութենէ սովոյն. եւ ոմանք գնացեալ խառնեցան ի Քուրդն Բաղիշոյ, Մշոյ եւ Սասնոյ վասն աղքատութեան եւ սովոյն դառնութեան ելեալ ի հաւատոց դարձան յանհաւատութիւն աւելի քան զ500 ոգի. եւ տրտմութիւն մեծ եղեւ Աստուծոյ եւ հրեշտակաց եւ մարդկան:

Եւ այս ամենայն եկն ի վերայ մեր վասն մեղաց մերոց եւ չար գործոց, մանաւանդ ի ծուլութենէ՝ երիցանց եւ ի խաբեբայութենէ կրօնաւորաց եւ ի չար գործոց անհաւատ եւ սուտանուն հաւատացելոց, ի զրկող եւ յանիրաւ տանուտերաց, ի պիղծ եւ զազրալի առաջնորդաց զոր ոչ կարեմք ընդ գրով արկանել զաղտեղութիւնս մեր եւ նոցա. զի ծածկագիտին յայտնի է ամենայն: Եւ այս եօթն ամք են որ ի ներքոյ դառն պատուհասի կամք. զի սուրն կորոյս, սովն սպան, գերին պակասեաց, գազանք կերան զմարդիկ, թռչունք կերան զվաստակս, գորտն եւ մուկն ապականեաց զանդաստանս աւելի պատուհաս քան զԲաբելացւոցն յաւուրս Աբրահամու եւ դառնագոյն քան զպատիժ Եբրայեցւոցն եւ Եգիպտացւոց, զի որդիք Եգիպտացւոց ի ծով ընկղմեցան. իսկ որդիքն Հայոց՝ ի ծովն անհաւատութեան Հրէ քաղաքին. նոքա ի ծովն մեռան, եւ ոչ ծննդեամբ բազմացան, որդիքն մեր եւ եղբարք, որ անհաւատութեամբ մեռան եւ կորեան, աճեն որդիք նոցա անհաւատութեամբ եւ լնուն զաշխարհս ամենայն. եւ մինչ ի վերջին օր դատաստանին լինի թէ յազգէս Հայոց այնքան մարդիկ աճեն զոր այժմ կենդանի կան եօթանասուն երկու ազգիս նման. զի թէ յութիցն մարդկան արդար եւ պարկեշտ առն Աստուծոյ Նոյի ամենայն երկիր լցաւ, իսկ հազարաց եւ բիւրաւոր արանց քանի՞ առաւել պա՛րտ է աճել եւ բազմանալ:

Everyone was dying, natives and foreigners alike. Some took their horses and went to distant lands: to Erzinjan, Xarberd, Amida, Arzn and Ch'mshkatsak; and those who remained lordless died from the severity of the famine. Some went to the Kurds at Bitlis, Muş and Sasun and from poverty and the bitterness of hunger apostasized and became unbelievers, more than 500 people, to the sorrow of God, the angels, and mankind.

And all of this transpired because of our sins and wicked deeds; especially from the laziness of presbyters and the fraudulence of clerics, and from the evil deeds of unbelieving and falsely-named believers; from unjust tanuters who confiscated; from the loathsome, foul leaders—we are unable to set down our own and their impurities, for what is secretly alluded to is known by everyone. It is seven years that we have been living under this bitter scourge. For in the absence of the sword, it was famine that killed; in the absence of slave-taking, wild beasts ate people; birds ate the crops, frogs and mice sullied the fields; it was chastisement more bitter than the Babylonians' in the days of Abraham, and more bitter than the punishment of the Hebrews and Egyptians, for whereas the sons of the Egyptians drowned in the sea, the sons of Armenia drowned in the city of Herat in a sea of unbelief. They drowned in the sea and did not multiply with children. Our sons and brothers who died and were lost through unbelief, raise up their sons in unbelief and fill the entire world. Until the final day of justice so many peoples [shall] be born from the Armenian people, like the 72 nations presently existing: for if the entire world was populated by eight times more just and righteous a man of God, Noah, then how many more must grow and multiply from thousands and tens of thousands of men?

Եւ այս պատուհաս որ եղեւ, մի կարգաւոր եւ աշխարհական, մեծատուն եւ աղքատ զլեզու իւր ոչ սանձեաց ի հայհոյութենէ յիշոցացն, եւ ոչ ասացին մեղայ Աստուծոյ եւ ի ժանտալից դառնապտուղ եւ դառնաբերան անիծից եւ նզովից գարշաբերան աղտեղութեանց զորս ժայթքեն հանապազօր մոխրաթաւալ նորընծայ ուխտի մանկունք եկեղեցւոյ Հայաստանեայց՝ հանապազ զաղտեղիս խօսելով զբերանս ուսումնականաց լնուն: Այլ վա՜յ եւ եղո՜ւկ է մեզ, եւ եղո՜ւկ է նոցա զի անձամբ զանձն իմ դատապարտեմ զի եւ ես ի նոյնս կամ բայց հարեալ ի խղճէ մտացս. զի գիտութեամբ Աստուածաշունչ գրոց ծանօթացայ, կամիմ բառնալ, եւ ոչ կամին լսել. եւ ես հանապազ ի դառնութեան կամ զի սովորութիւնն հնացեալ բնութիւն մակստացական է: Դարձեալ եւ ոչ կարեմ բառնալ ի մանկանց եկեղեցւոյ զի վիշապ ապստամբ եղեալ են, եւ ի խրրատուէ հոգեւոր արանց եւ եկեղեցւոյ վարդապետաց խոյս տուեալ գնան զհետ կամաց իւրեանց <...>: Զի վասն այսպիսի հայհոյութեանցս հեռացաւ սուրբ Հոգին Աստուած, կարծեմ, յազգէս եւ յեկեղեցւոյս Հայաստանեայց:

Դարձեալ՝ դարձցո՛ւք ի նոյն կարգ առաջի եղեալ շարագրեալ պատմութեանս վերջին ժամանակիս թշուառական եւ տառապեալ ազգիս: Բռնաւորին Սքանդարին որդի մի կայր եղեալ իշխան ի յամուրն Տոսպ գաւառի ի յոտն Վարագայ ի Վան քաղաքի՝ անուն Արալի. եւ առնէր զանիրաւութիւն հարկապահանջութեամբ ազգիս մեր եւ Տաճկաց: Եւ նոքա երթեալ առ հայր նորա Սքանդար զանգատեն ի վերայ նորա եթէ ոչ կարեմք տանել վշտաց դառնութեան նորա զի կարի յոյժ աղքատացոյց զաշխարհս մեր:

Such a chastisement occurred: neither cleric, layman, rich or poor restrained his tongue from cursing the rulers, nor did they say "Forgive us God," nor [cease] the putrid, foul-mouthed, impure curses and anathemas the clerics of the church of Armenia constantly cleave apart the newly-ruined vow, always filling the mouths of scholars with impurity. Alas and woe to us and to them, for I blame myself since I am of the same will though stricken by pangs of reason; for I was familiar with Biblical knowledge, want to withdraw and do not want to heed. And I am always bitter, for the habit has grown old. I am unable to support the church clerics for they are the dragon of rebellion; and, having evaded the advice of spiritual men and vardapets of the Church, they follow their own wills [...].[41] For it was as a consequence of such imprecations, I believe, that the Holy Spirit of God quit the people and Church of Armenia.

Once again let us return to the previous exposition of the wretched last times and the overturned people. The tyrant Iskandar placed one of his sons named Arali as prince in the city of Van the fortress of Tosp district, at the foot of Varag. And [Arali] made unjust tax demands upon our people and the Tachiks. They went to his father Iskandar and complained, saying: "We cannot bear the grief and bitterness which he causes, for he has greatly impoverished our land.

---

41 We omit the translation of a group of lengthy Biblical quotations and references to priests who curse the bishops and vardapets.

Եւ նորա կարի յոյժ դառնացեալ՝ կոչեաց զնա առ ինքն՝ առ ի խրատել զնորա տգիտութիւն. եւ նորա երկուցեալ գնալ առ հայրն, այլ խոյս ետ եւ գնաց առ տէրն Շամախու Խալիլ-Ուլլահ անուն՝ որդի շէխ Իբրահիմին: Իսկ նորա ըմբռնեալ զնա, ետ տանել առ տէրն Խորասանայ Շահ-Ռուհ անուն՝ որդի Թամուրին, ծածուկ ոխ ունելով Խալիլն ընդ Սքանդարին: Եւ նորա իմացեալ զատելութիւնն առ նա՝ զօրս ժողովեալ գունդ կազմեաց եւ գնաց ի վերայ կողմանն Շամախու, աւերեաց զաշխարհն ամենայն, զքաղաք եւ զգեղ եւ սրոյ ճարակ ետ 15 աւուր ճանապարհաւ զաշխարհն, եւ ի դառն նեղութիւն արկ զտէրն Շամախու եւ զքաղաքն Շամախի: Եւ զծառ եւ զայգի հատանէր առանց խնայելոյ, եւ անպատմելի աւերս գործեալ: Եւ իշխան մի ի նոցանէ Սքանդար անուն գտեալ իւր ինքեան անուանակից եւ չարութեամբ հաւասար, առեալ զնա եւ տարեալ անցոյց ի յայն կոյս դրանն Դարբանդու. եւ աւերեաց բազում աշխարհս, անողորմ սրախողխող առնելով զլեռնականս եւ զդաշտականս՝ զամ մի ի լման անդ յամեալ զանմեղ արիւնս հեղլով, զոր ոչ ոք ընդ գրով արկանել: Եւ անտի դարձեալ յետս եւ 360 դանիշմանի գլուխ հատեալ, եւ ի բեռինս եղեալ արիւնաշաղախ եւ գարշահոտ՝ բերին ի յերկիրն Սիւնեաց: Եւ քրիստոնէիցն կարի յոյժ ողորմած գտեալ զի երեսուն գերի բերեալ էին գաղտաբար. Յակոբ անուն քահանայ մի եկեալ զկնի նոցա, եւ ծանուցեալ նմա. եւ նա կարի յոյժ դառնացեալ՝ ազատեաց զնոսա խաղաղութիւն:

[Iskandar], very much displeased, summoned [Arali] to correct his ignorance. Afraid to go to his father, he slipped away to the lord of Shamaxi, Xalil-Ullahanu, son of shaykh Ibrahim. But the latter seized him and had him taken to the lord of Khurasan, Timur's son Shahrukh, as Xalil secretly nursed a grudge against Iskandar. Learning of this hatred, [Iskandar] assembled troops in a division and went against the Shamaxi region, destroying the entire land, city and village, putting to the sword the country for a fifteen days' march and bitterly harassing the lord of Shamaxi and the city of Shamaxi. He cut down tree and vineyard, sparing nothing, and wreaked unrelatable destruction. Furthermore, one of their princes, also named Iskandar (and his equal in wickedness), took him to the other side of the Darband gate. He destroyed many lands, mercilessly putting to the sword the mountaineers and the plains-dwellers, remaining there for a full year shedding so much innocent blood that no one can commit it to writing. Turning back they brought to the Siwnik' country 360 severed Danishman heads in blood-caked, foul-smelling loads. The Christians were extremely lucky for [the Qara-Qoyunlu] had brought 30 [Christian] captives secretly. A priest named Yakob followed them and informed him. Extremely displeased, [Iskandar] set them free in peace.

Իսկ տէրն Շամախու Խալիլն այն առեալ զղատի եւ զմիւտառիս եւ ընթացեալ առ Շահ-Ռուհն՝ տէրն Հրէ քաղաքին, հող զգլխով արկեալ եւ զօձիսն պատառեալ պատմեցին զղառն եւ զողբալի անցս աղետիցն որ անցոյց ընդ նոսա Սքանդարն: Իսկ նորա ցասմամբ զայրացոյց զինքն եւ զամենայն ընտանիս իւր. եւ դառնութեամբ մաղձին լցեալ զախորժակ իմացականին՝ կոչեաց զամենայն առաջնորդս չարին Հրէ քաղաքին՝ զմեծամեծս եւ զփոքունս եւ ասէ ցնոսա. «ուղիղ եւ արդար դատաստան արարէք եթէ զի՛նչ պարտ է առնել որդւոյ Յուսուփին»: Եւ նոքա ամենեքեան ի մի բերան աղաղակեցին. «մահապարտ է, սատակեսցի՛ այրն այն. եւ եթէ ոչ սատակես զայնպիսի անողորմ արեանարբուն՝ ի քէն պահանջէ արարիչն Աստուած զդատաստան նոցին»: Եւ նա հրաման ետ զէն զինուորութեան բերել եւ կապել զանձամբ իւրով, զոր ի վաղուց հետէ անարգեալ էր սօֆի գոլով եւ խաղաղասէր: Եւ ի սրտմտութենէ ցասմանն երեք աւուր ճանապարհ քան ոգւով բարկութեամբ եկեալ: Եւ ապա զօրաց նորա աստի եւ անտի ժողովեալ անթիւ եւ անհամար բազմութեամբ եկեալ հասին ի Սուլթանիա քաղաք. եւ 40 օր արգելս տուեալ թերեւս ընդ առաջ նորա եկեսցէ հնազանդութեամբ յիմար գոռոզն այն սադրեալն եւ խաբեալն ի սատանայէ:

Եւ նորա անփոյթ արարեալ զնմանէ: Իսկ Շահ-Ռուհն խաղաղասէր գոլով՝ ծանր զօրօք շարժեալ եկն եհաս ի տունն Սինեաց ի յամուրն Երընջակայ, եւ շուրջ պատեալ պաշարեաց զնա աւուրս բազումս: Եւ որդի նորա եւ մայր նորա, իմաստութիւն ի գործ արկեալ ուխտ եդին նմա ոչ թողուլ զհայր նորա կենդանի եթէ հնար լինիցի սպանանել զնա, եւ զգանձս բազումս ոսկի եւ արծաթ տանել նմա:

Now the lord of Shamaxi, that Xalil, took the qadi and mudarris and went to Shahrukh, lord of the city of Herat, casting dirt on his head and tearing his collar. They related the bitter and lamentable calamities which Iskandar visited upon them. [Shahrukh] and his entire family became enraged. Bitter bile, filling the appetite for reason, he summoned all the leaders of the wicked city of Herat, great and small, and said to them: "Judge properly and correctly what must be done to Yusuf's son." In unison they all clamored: "He is worthy of death. Let that man be killed; and should you not kill such a merciless thirster for blood, the creator God will demand justice from you." He ordered that armaments be brought, and he fastened them on himself, something he had long since prohibited, being a sufi and a peace-lover. In complete rage he traversed a twenty days' journey in but three days. Then gathering up his forces from here and there, he arrived at the city of Sultaniyeh with an inestimable, countless multitude. He waited forty days that perchance that foolish braggart, supported and tricked by satan, might obediently come before him.

But [Iskandar] paid no attention to him. Shahrukh, a peace-loving man, came to Siwnik' with his heavy forces, to the fortress of Ernjak; he surrounded and besieged it for many days. Meanwhile [Iskandar's] son and mother, acting wisely, made a vow with [Shahrukh] not to leave his father [Iskandar] alive if there were any means of killing him; and they gave [Shahrukh] numerous gold and silver treasures.

Եւ առեալ զաղերս ի պատգամաւորացն՝ շնորհակալ եղեւ նոցա: Եւ գովեաց զիմաստութիւն նորա թէ իմաստութիւն որդւոյ նորա Խանումայ քան զիմաստութիւն զոփայ Սքանդարին: Եւ դարձեալ դեսպանացն մեծաւ պարգեւօք եկին ի Կլայն.Եւ Սքանդարն արտաքոյ կայր կլային. փախեաւ 150 մարդով՝ եկեալ գողապէս յերկիրն Գոգովիտ ի գեղն Արծափ աւուրս սակաւս անդ դադարեալ երեք կամ չորս: Եւ անտի յարուցեալ գնաց ընդ զօրս իւր եւ եհաս ի քաղաքն Կարնոյ այժմ Արզրում կոչեցեալ, ուր էին փախուցեալք ի յահէ եւ յերկիւղէ Չաղաթային եկեալ:

Իսկ տէրն Երզնկային Օթման անուն առեալ զզօրս իւր եւ եկեալ ընդ առաջ նորա աւելի քան քսան հազարաւ պատերազմել ընդ նմա: Եւ նա սրտապնդեալ ունելով ընդ ինքեան 3,000 ոգիս՝ սպառազինեալ ամենեքեան յանկարծակի մտին ի մէջ բազմութեան զօրաց նոցին, հարեալ սպանին զՕթմանն՝ զգլուխն զօրաց եւ զորդին անուն Պայազիտ եւ աւելի քան զ700 ոգիս. եւ ըմբռնեալ զքաջ զօրեղ զօրականսն 100 ոգի, իբրեւ զոչխար զենեաց անողորմ եւ անագորոյն գազանն՝ որդին սատանայի: Եւ զսպանեալքն ի ճանապարհին իբրեւ զբերդդկոց եդին:

Եւ յերկրորդ աւուրն եկեալ հասին զօրք Չաղաթային՝ որդին Շահ–Ռուհին Ջօնգայ անուն ունելով ընդ ինքեան 30,000 ոգի: Եւ տեսեալ զսպանեալքն ի ճանապարհին՝ զահի հարեալ ափշէին եւ ոչ կամէին գնալ զհետ նոցին: Եւ որդի նորա այպն համարեալ զոչ գնալն զհետ նոցա՝ բարկութեամբ լցեալ ասէ դէմ յանդիման առաջի մեծամեծաց իւրոց «մի՛ ոք իշխեսցէ ի զօրաց մերոց մնալ ի քաղաքի կամ ի լերինս. այլ ամենայն միաբանութեամբ սպառազինեսցո՛ւք զկնի նոցա»:

Receiving the supplications of the emissaries, [Shahrukh] thanked them. And he praised his wisdom, saying: "The wisdom of his son [and] Xanum exceeds that of op'a Iskandar." Again ambassadors came to the fortress with great gifts. Iskandar was outside the fortress. He fled with 150 men and came like a thief to the village of Artsap' in the Gogovit country, remaining there a brief three or four days. Then he and his troops went to the city of Karin now called Erzurum, fleeing from terror and dread of Chaghatai [the Timurids].

The lord of Erznka, named 'Utman, took his forces—more than 20,000 men—and came before [Iskandar] to fight him. Having 3,000 armed men with him, [Iskandar] and these troops suddenly entered the ranks of their forces where they killed 'Uthman the head of the army and his son named Bayezid plus more than 700 people. Seizing 100 brave, powerful warriors, that merciless and foul animal, the son of satan, slaughtered them like sheep and piled the slain on the road, like a fortress.

The next day, the Chaghatai army of Shahrukh's son, Jonga, who had 30,000 men with him, arrived. Seeing the slain on the road they were seized with dread and did not want to pursue them. His son (who regarded not pursuing them as ignominious) filled with anger and said before his grandees: "Let none of our troops dare remain in the city or mountains; rather in unison, arm and go after them."

Եւ նոքա ընթացեալ զկնի նոցա հասին եւ առին զառ եւ զաւար եւ զամենայն կողոպուտ նոցա: Բայց ոչ կարացին մտանել ի մէջ նոցա. այլ մերձ ընդ մերձ երթային մինչ ի յԱղշար քաղաք. եւ ոչ կարացին ըմբռնել զնա: Եւ նա երթեալ բնակեցաւ ի Թօխաթ եւ յերկիրն իւր. եւ պատիւս մեծամեծս ընկալաւ ի յիշխանաց քաղաքացւոց եւ շրջակայից կողմանցն այնոցիկ:

Իսկ ի գարնանային եղանակն աւերեաց զաշխարհս նոցին, եւ առեալ գնաց նստաւ ի յեզր գետոյ միոջ, եւ ժողովեաց զօրս բազումս աւելի քան զ40,000. եւ եկեալ նստաւ մերձ առ նոսա, եւ ոչ ինչ կարաց առնել նոցա. եւ նոցա տեսեալ զանարի գոյն նորա՝ ելեալ քակեցին եւ աւերեցին զաշխարհս նորա: Եւ եկեալ ի Սեբաստիա նըստաւ ի վերայ այրի միոջ ուր փախուցեալ էին յահէ նորին. եւ սուտ երդմամբ խաբեաց զնոսա եւ եհան յայրէն զբազմութիւն հաւատացելոցն, եւ գերեաց զկին եւ զորդի անմեղիցն եւ տառապեալ ազգիս Հայոց, եւ չարքն չարչարեալ հրով եւ սրով եւ անասելի չարչարանօք: Իսկ քրիստոնեայքն որք կային ի Տիւրիկէ՝ տեսին զչարչարեալքն եւ զգերեալքն եւ լալով եւ ողբալով գնացին ընդ առաջ չար բռնաւորին եւ նեռին կարապետին, անթիւ եւ անհամար գինս ետուն եւ գնեցին. եւ զբազումս ի նոցանէ բերեալ հասուցին ի կողմանս վերին: Եւ ապա եկեալ ի վերայ Խարբերդու՝ այրեաց հրով եւ սրով զամենայն երկիրն. եւ ի սուգ գերութեան նստոյց զամենայն բազմութիւն ողորմած եւ զթած զաւառին:

Coursing after them, they caught up and took all their plunder as booty and loot. However, they were unable to enter [Iskandar's] lines. Instead [the two armies] moved in close range of one another as far as Aghch'ar city. But they were unable to seize him. [Iskandar] went and dwelled in T'oxat' and his own country, receiving great honors from the city princes and the surrounding areas.

Now in springtime he wasted their land, and then went and encamped on the bank of a river. He assembled numerous troops—more than 40,000—came and encamped near them, but was unable to do anything to them. When they saw his unmanly arrival, they came and demolished and ruined his land. He went to Sebastia and besieged a cave where people had fled for refuge out of dread of him. He tricked those people with a false oath, brought a multitude of believers out of the cave, and enslaved wife and son of the innocent, miserable Armenian people; and the wicked ones tortured [them] with fire, sword, and unspeakable torments. Now the Christians of Divrigi (Tiwrike) saw the tortured and captured folk, and weeping and mourning they went before the wicked tyrant and precursor of the antichrist. Giving inestimable sums they purchased [the captives], and many of them were brought and settled in the upper regions. Then [Iskandar] went against Xarberd, burning the entire country with fire and sword, all the multitude of the merciful and compassionate [folk] of the district he seated in the mourning of captivity.

Եւ եկեալ ի վերայ գաւառին Դերջանու՝ եհան զամենայն կայիւք եւ կարասեօք, որդովք եւ դստերօք, եւ կամեցան տանել յերկիրն Արարատեան եւ Սիւնեաց: Եւ էին աւուրք դառնաշունչ եւ դժնդակ օդոյն ձմեռնայնի. եւ յետ երկուց աւուրց յանկարծակի ձիւն սաստիկ եկն ի վերայ նոցա. Եւ ի գիշերին յայնմիկ պաղեցաւ երկիրն. եւ բազում քրիստոնեայք պաղեալ մեռանէին. որդի առ հայրն գոչէր եւ հայր՝ յորդի. եւ սիրելի որդիք նոցա ի գիրկս մարց մեռանէին:

Եւ առեալ զորդիս ի գիրկս իւրեանց ձայն բարձեալ աղաղակէին ի վեր առ Աստուած «Տէ՛ր Յիսուս՝ վրէժխնդի՛ր լեր արեան ծառայից քոց, զի դու ես յոյս եւ ապաւէն մեր, ազատեա՛ զմեզ եւ զորդիս մեր ի ձեռաց գազանիս»: Եւ մեռան ի սոյն աւուրս աւելի քան 700 ոգիք անմեղ քրիստոնեայք ի դառնաշունչ օդոյն. եւ ոչ գոյր ժամանակ թաղելոյ զնոսա զի կերակուր եղեն գազանաց. եւ ոչ գոյր շինութիւն գեղօրէից մերձ առ նոսա: Եւ վերակացուաց նոցա հատեալ զականջս նոցա տարեալ ցուցանէին նեռին կարապետին: Եւ նա ծիծաղելով ասէր «Աստուած արար. զի՛նչ փոյթ է ինձ. թո՛ղ չէր տուեալ զդոսա ի ձեռս իմ եւ ոչ ձիւն յերկնից առաքեալ»:

Զայս չարիս գործեաց անօրէն գազանն. եւ տգէտք ոմանք վասն սակաւ սիրելոյն զհաւատացեալս թէ ազգ բարի է՝ երկարութիւն կենաց խնդրէին. որ եւ կարծիք է մարդկան, թէ՝ քան զաստեղս աւելի մարդիկ մեռեալ եղեն վասն սորին անհնազանդութեան եւ հպարտ բարուց որ ոչ հնազանդեցաւ թագաւորին արեւելից: Վասն զի նա խաղաղասէր էր, եւ ոչ կամեցաւ խռովարար լինել զի ետես զհայր իւր, որ շան պէս ոռնայր ի գերեզմանի. եւ յոչ կամաց կորոյս զազգս մեր:

He came against the Derjan district where he uprooted everything, goods and belongings, sons and daughters and wanted to take this to the Araratean country and Siwnik'. Those were blustery wretched days of wintertime. Suddenly after two days, severe snow fell upon them, and in that night the country grew cold, and many Christians died of the cold. Son cried to father and father to son, and dear children died in their mothers' arms.

Taking their children in their arms, they raised their voices crying to God above: "Lord Jesus, avenge the blood of Your servants, for You are our hope and refuge, and free us and our children from the hands of the beast." That same day, as a result of the bitter weather, more than 700 innocent Christians perished. There was no time to bury them; they became food for wild animals. Nor was there was a village nearby. Their overseers cut off their ears and took them and showed them to the precursor of the antichrist. [Iskandar] laughingly said: "God did it. What do I care? He should not have given them into my hand, and He should not have made it snow."

The impious beast worked this evil. Some ignorant people out of dislike for the believers, wished him a long life. [Other] people are of the opinion that because of [Iskandar's] insubordination and proud behavior which did not submit to the king of the East, more people died than there are stars. For [Shahrukh] was a peace-loving man, nor did he want to be an agitator, for he had seen his father dying, howling like a dog. Nor did he want to destroy our people.

T'OVMA METSOBETS'I

Իսկ որ զկամս երկիւղածաց իւրոց առնէ եւ աղօթից նոցա լսէ՝ աղօթիւք եւ մահուամբ անմեղացն դարձոյց զօգնութիւն ի սրոյ նորա եւ տկարացոյց յաչս զօրաց իւրոց եւ սիրելի եղբարց եւ ազգականաց. եկեալ հասաւ առ եղբայր իւր Ջհանշահ անուն, որ էր կացուցեալ Շահ-Ռուհին ի վերայ ազգաց իւրոց եւ ի վերայ աշխարհիս մեր: Եւ պատերազմ յարուցեալ եկն ի վերայ Ջհանշահ՝ եղբօր իւրոյ, գիտելով թէ զօրք իւր զանձինս իւրեանց ի վերայ դընիցեն, որպէս միանգամ եդին, եւ սպանին զեղբայր իւր սուլդան Բուսայիդն, զոր եւ նոյն Շահ-Ռուհն եդ ի վերայ աշխարհիս մեր. այլ ամենեքեան թողին զնա եւ փախեան, եւ գնացին առ եղբայրն Ջհանշահ: Եւ ինքն մնացեալ սակաւ արամբ՝ մազապուրծ եղեալ յեղբօրէն իւրմէ, գաղտագողի երթեալ յամուրն Երնջակայ՝ զձմեռն մի լման անդ անցոյց զկեանս իւր ի բերդին արքեցութեամբ:

Իսկ եղբայրն շրջապատեալ պաշարեաց զնա զօրօք իւրովք մինչ ի յեղանակ գարնանային ժամանակին ամրոցս եւ բնակութիւնս շինելով շուրջ զամրոցաւն: Եւ նորա գաղտաբար դեսպան առաքեալ առ սուլդանն Մսրայ տալ նմա օգնական զօրս բազումս: Եւ նորա յղեալ բազում զօրս աւելի եւ յոլով քան զ60,000. եւ նոցա եկեալ ի գաւառն Եկեղեաց՝ լուան թէ սպանին զնա ի բերդին Երնջակայ:

However, he did the will of those fearing him and heeded their prayers; [Iskandar] turned [divine] assistance from his sword through the prayers and murder of the innocent and weakened his beloved brothers and relations in the eyes of his troops. He came to his brother named Jihanshah whom Shahrukh had placed over his people and over our land, to war against his own brother, knowing that his forces would sacrifice their lives. They had already done so once before when they killed his brother, Sultan Abu Sa'id whom the same Shahrukh had placed over our land. But [this time] all his men abandoned him and fled to his brother Jihanshah. Left with only a few men, he escaped from his brother by a hairsbreadth, secretly going to Ernjak fortress where he passed the entire winter in drunkeness.

Now his brother with his troops besieged him until springtime, creating a fortress and habitation around the fortress. He secretly sent an ambassador to the sultan of Egypt for him to send him many auxiliary troops. [The sultan] sent him numerous forces, many more than 60,000 men. When [this army] came to Ekegheats' district it heard that they had killed [Iskandar] in Ernjak fortress.

Եւ էր Սքանդարին այն որդի մի Շահուբաթ անուն. միաբանեալ ինքն եւ մայր իւր եւ 10 զօրեղ զօրականս եւ քաջ մենամարտիկս, եւ ի գիշերի երթեալ գտին զնա ի քուն եւ արբեալ ի գինւոյ. եւ հանեալ զսուրս իւրեանց՝ սրախողխող արարեալ սպանին զնա ոչ գիտելով բարեկամաց նորա: Եւ այգուցն եկեալ տեսին զՇահուբաթն եւ ասեն. ո՛ւր է հայր քո, եւ նա ասէ. թշնամին ձեր այնպէս լիցի որպէս հայրն իմ: Եւ տուեալ նոցա երդումն զի մի՛ ինքեան վնաս գործեսցեն: Եւ կայր նորա մի բարեկամ Հօլաւլու անուն, բերեալ սպանին զնա. եւ զգլուխ նորա հատեալ եւ տուն տանել զնա առ եղբայրն Շահանշահ, որ շուրջ նստեալ պաշարէին զնա: Եւ նորա տեսեալ՝ ուրախութիւն մեծ արարեալ, եւ նաւակատիս մեծ կատարեալ՝ փառս տային Աստուծոյ, զի զթշնամիս իւրեանց ծնեալ որդին ի նմանէ սիրեցեալ սպանին զնա. եւ բարձաւ չարն ի միջոյ եւ ոչ ետես զփառս Աստուծոյ ըստ մարգարէին: Եւ թէ՝ տեսի զամբարիշտն վերացեալ եւ բարձրացեալ. եւ ահա՛ ոչ էր, զի այր արիւնահեղ էր, ոչ հասարակեաց զաւուրս կենաց իւրոց. եւ խաղաղացաւ երկիր ի սակաւ աւուրս: Զի ի Խորասանու մինչ ի Մսր՝ ի խռովութիւն վրդովմանց կայր յաշխարհ ամենայն որքան նա կենդանի էր ի վերայ երկրի:

Եւ էր թուականն 886 որ այս գործեցաւ: Ի յ870 թուականէն ի հետ մինչ ի մահ սորա ամենայն երկիր ի վրդովման կայր ի խռովութեան անհաւատ եւ հաւատացեալ. զի երեք անգամ է այս որ Շահ-Ռուհ Չաղաթայն՝ նորա անհնազանդութեան աղագաւ զամենայն Թուրքմանն եւ զՄիջերկրայս ի գերութիւն ետ. միանգամ ի Վաղարշակերտ, երկրորդ՝ ի Սալամաստ, երրորդ անգամ այս է յորմէ մեռաւ ինքն եւ բազումք վասն նորա մեռան:

Now this Iskandar had a son named Shah-Qubad. He and his mother, united with ten powerful warriors and valiant single-combatants, went at night and found [Iskandar] in a wine-induced drunken sleep. Unsheathing their swords, they stabbed him to death, without him recognizing his relations. In the morning [people] came to see Shah-Qubad and asked: "Where is your father?" He replied: "My father's fate to your enemies". The people gave [Shah-Qubad] an oath that they would not harm him. He had a relative named Hulegu whom they fetched and killed, decapitated, and sent the head to his brother Shahanshah who was besieging them. When the latter saw [the head] he greatly rejoiced and held a great celebration, glorifying God that their enemy had born a son who liked him, had killed him, and that they themselves had not killed him. Thus was this wicked one eliminated and, as the prophet says, he did not see the glory of God. And [thank God] that I saw the evil one eliminated and destroyed and behold! he was no more, for he was a bloodshedder and did not live out half the days of his life. The country became pacified in a few days [after Iskandar's death]. The entire duration of his life on earth there was unrest and agitation from Khurasan to Egypt.

This transpired in the year 886 of the Armenian Era [1437]. From the year 870 A.E. [1421] onward until his death, the whole world was in agitation and disturbance, both unbeliever and believer. For this was the third time that Shahrukh Chaghatai placed all the Turkmens and the midland provinces in captivity because of [Iskandar's] disobedience. First at Vagharshakert; second, at Salmast and the third time was this one, when he died and many others died as well, because of him.

Եւ զայս յայտնի եմ տեսեալ ի գաւառս մեր. զի յ885 թուականիս յերրորդ գալն Չաղաթային փախեար ի Չաղաթայէն եւ հասաք ի Խլաթ քաղաք, Հեր եւ Բերկրի, Արճէշ եւ Արծկէ: Յանկարծակի հասին ի վերայ մեր ամենայն քուրդ եւ Քրդաստան ի լերանց եւ ի բլրոց, եւ սուր հանեալ ահաբեկ արարեալ զամենայն տառապեալ ազգս մեր սրախողխող արարեալ կամէին կորուսանել առհասարակ զամենեսեան: Եւ ա՛յնքան ահագին լինէր օրն այն ի յահէ եւ յերկիւղէ եւ ի գոչմանէ պիղծ եւ արեանարբու ազգին Մարաց մինչ զի իբրեւ օր դատաստանին լինէր եթէ ոչ էր հասեալ յօգնութիւն յոյսն ամենեցուն Քրիստոս Աստուած փրկիչն մեր. զի ի գիշերի ելեալ կամեցաք գնալ ի քաղաքն Բաղէշ առ աստուածասէր եւ քրիստոսասէր եւ աստուածապահ հաւատացեալքն որ ի նմա վարդապետք եւ եպիսկոպոսք, քահանայք եւ կրօնաւորք. յանկարծակի հասին ի վերայ մեր, եւ սուր ի ձեռին ունելով կամէին առհասարակ զամենեսեան սրոյ ճարակ առնել: Իսկ մեր, ապաւինեալ յԱստուած՝ զամենայն մարմնաւոր գոյս ի բաց թողեալ՝ ի լերինս փախուստ առեալ օգնութեամբն Աստուծոյ եւ շնորհօք՝ ազատեցաք ի ձեռաց նոցա:

Եւ համբաւ նեղութեանս մերոյ հասեալ ի քաղաքն Բաղէշ. եւ եպիսկոպոս նոցա տէր Ստեփաննոս՝ այր ողորմած եւ աստուածասէր, առեալ զբազմութիւն հաւատացելոցն եւ զվարդապետն մեր հոգեւոր հարազատ եղբայր Ստեփաննոս անուն ողբս ի բերան առեալ լային զմեզ. եւ տարին, հանգուցին զմեզ, եւ զերիս ամս իբրեւ զհրեշտակս Աստուծոյ ընկալան զմեզ եւ զաղքատքն մեր: Զոր եւ Տէր Աստուած մեր Յիսուս Քրիստոս անփորձ եւ անսասան կենօք պահէ զգաւառն զայն մինչ ի միւսանգամ գալուստն իւր որդովք եւ դստերօք եւ ամենայն գոյիւք: Եւ էր թուականս մեր 884: Ամէն:

I saw this vividly in our district. For in 885 A.E. [1436] during Chaghatai's second coming we fled from him and reached the cities of Xlat', Her, Berkri, Archesh and Artske. Suddenly there descended upon us all the Kurds and all Kurdistan from the mountains and hills. Unsheathing their swords they terrified all our miserable people, cutting them down, and wanting to kill everyone. So terrible was that day from the fear, dread, and clamor of the loathsome and bloody Mar people that it would have been the Day of Judgement had not aid been sent by our Savior, Christ God, the hope of all. For at night we wanted to go to the city of Bitlis to the God-loving and Christ-loving and God-kept believers, vardapets, bishops, priests, and clerics there. But unexpectedly [the Kurds] fell upon us, sword in hand, wanting to kill everyone. Now we took refuge in God, left all material goods behind, fled into the mountains, and with the aid and grace of God escaped from their clutches.

News of our difficulty reached the city of Bitlis. Their bishop, lord Step'annos, a merciful and God-loving man, took a multitude of believers and our spiritual brother the vardapet Step'annos, and lamenting, wept over us, took, restored and received us and our poor for three years like the angels of God. May Lord God, our Jesus Christ, keep that district undisturbed and secure, its sons, daughters, and all of its property, until His second coming. This was in the year 884 of the Armenian Era [1435]. Amen.

Դարձեալ եւ աստ պատմեցից զաղէտ եւ զկսկիծ դառնութեան մերում ազգի: Էր ի քաղաքն Արծկէ այր մի բարեպաշտ եւ երկիւղած, աստուածասէր եւ սիրող սրբութեան, յոյժ խոնարհ եւ կարգաւորասէր եւ ամենայն չարեաց ատեցող. եւ տիւ եւ գիշեր յաղօթս կայր եղբարբք եւ որդւովք եւ ամենայն ընտանեօք: Եւ էր անուն նորա Մուրատշահ՝ պատկերով քաղցր եւ ողորմած: Եւ կոխեալ էր զամենայն անօրէնս քաղաքին մինչ զի նոր հիմն եդ ի մէջ անօրինաց խաչի եւ աւետարանաւ ջուր օրհնել ի Յայտնութեան Տեառն: Եւ էր իբրեւ թագաւոր Քրիստոնէից ի մէջ ծովու բոլորիս: Եւ նախանձեալ սատանայի եւ կամարարաց չար ազգին՝ մատնեցին զնա քաղաքապետին. եւ նոցա, ոխ ունելով ընդ նմա, մատնեցին զնա քաղաքացիքն անօրէնք թոյլտուութեամբ մերոյ ազգիս պղծոյն եւ չարագործի Զենոն անուն: Եւ նորա եդեալ ի բանտի նետալից արարեալ եւ ի դղեկէն ի վայր արկեալ եհաս մարտիրոսութեան եւ անանց պսակացն: Եւ յառաջ քան զայս տանուտէր մի Զաքարիէ անուն ըմբռնեալ եւ ի պարանոց նորա պարան արկեալ հեղձուցին զնա. որոյ յիշատակն օրհնութեա՛մբ եղիցի, եւ աղօթիւք սորա Տէր Յիսուս Քրիստոս մեզ ողորմեսցի՛ եւ ամենայն քրիստոնէից. ամէն:

Բայց եւ զայս գիտելի է, զի ի սոյն աւուրս պիղծ իշխանն Փիրալի անուն, որ նստէր ի քարն Ամկու, երեք անգամ ի սոյն ամի զերկիրն Արճիշու եւ Արծկու գերեաց եւ կողոպտեաց. եւ ի գիւղն զԵրիշատ զձեռնաւորն Մկրտիչ անուն ութն մարդով ընտանեօք տան իւրոյ ի հուրն այրեաց: Եւ բարեպաշտ ձեռնաւոր մի Յովհաննէս սպան ի գեղն Ասպիսնակ: Եւ եղբայր մի ծառայիս Արիստակէս անուն, ի հուրն խորովեցին իբրեւ զգառն անմեղ: Եւ սոքա այսպէս նահատակեալ ընկալան ի Քրիստոսէ զպսակն անապական. որ եւ գործեցեալ մեղաց նոցա թողութիւն առնէ Տէր Աստուած Յիսուս Քրիստոս. ամէն:

Again I shall relate the disaster and racking bitterness of our people. In the city of Artske there dwelled a pious and charitable man, a lover of God and of holiness, extremely humble, a lover of clerics and a hater of all evil. Day and night did he pray, with his brothers, sons, and entire family. He was named Muratshah and had a mild and compassionate appearance. He trampled upon all of the city's infidels to the point that he permitted believers to bless water on the [day of the] Revelation of the Lord, with cross and Gospel. He was like the king of the Christians in the midst of a sea. However the wicked people of satan and his orderlies envied [Muratshah], and betrayed him to the mayor. The infidel citizens, having a grudge against him, betrayed him with the permission of an abominable, criminal [member] of our people, named Zenon. He was put into prison, shot with arrows, thrown from the keep and achieved martyrdom and the eternal halo. Prior to this they seized a tanuter named Zak'aria, and strangled him with a rope. May his memory be blessed and through his prayers may Lord Jesus Christ have mercy on all Christians. Amen.

But the following too is known, that during these same days, three times in the same year, the loathsome prince named Pir 'Ali who dwelled in a cave at Amuk enslaved and pillaged the Archesh and Artske country, and burned in fire the dzernawor named Mkrtich' with eight members of his household, in the village of Zarishat. And a pious dzernawor Yovhannes was killed at Aspisnak village and they roasted in fire a brother of the servitor named Aristakes, like an innocent lamb. Thus martyred for Christ, they received from Christ an uncorruptable halo. May Lord God Jesus Christ forgive whatever sins they may have committed. Amen.

Եւ զամենայն գաւառս այնքան այնքան կողոպտեցին եւ յընչից մերկացուցին մինչ զի ամենայն քրիստոնեայք որ այժմ կան մեծամեծք եւ փոքունք խոտեն զինքեանս եւ ոչ ինչ համարին, առանց ամօթոյ խոտով ծածկեն զինքեանս, եւ մերկ եւ բոկիկ շրջին իբրեւ զանասունս:

Եւ զկանայս հաւատացելոցն որք մտեալ էին ի կղզին Լիմն կոչեցեալ, աւելի քան զերկու եւ զերեք հարիւր թանկայ վաճառեաց ի վերայ աղքատացն մերոց որ մին դարմի տէր ոչ գոյր: Եւ այն իշխանն որ կործանեաց զաշխարհս մեր՝ այժմ տէր եւ իշխան է կարգեալ ի վերայ աշխարհիս մեր վասն մեղաց մերոց պատուհասի եւ ի բարկութենէն Աստուծոյ. եւ այժմ ձգեալ է զամենայն հաւատացեալս ի ներքոյ հարկապահանջութեան՝ մինչ զի յամենայն մարդագլուխ 40 թանկայ առնուն թո՛ղ զբահիրայ եւ զչարէք ի ծերոց եւ ի տղայոց, յորբոց եւ յայրեաց, ի կուրաց, յաղքատաց եւ ի տնանկաց: Եւ ամենեքեան կենդանի մեռեալք եւ սովեալ կան:

Եւ մեք զայս ամենայն տեսանելով զողբումն զհառաչանս մերկացելոց եւ աղքատաց եւ զանզատ ի սուտ անուն տանուտերաց, որ թուլութեամբ եւ անփոյթ առնելով կրուսին զտառապեալ ազգս մեր ոչ միայն ի դառն աղքատութեան այլ եւ ի գործս անլսելիս եւ անպատմելիս եւ յանառակ արբեցութիւնս ծերոց եւ տղայոց, որպէս յայտ է տեսանել ի քաղաքն Արճէշ, զոր եւ կամիմ սակաւ մի ծանուցանել:

[The Qara-Qoyunlu] so robbed all the districts and so denuded the area of goods, that all Christians, grand and lowly, at present despise themselves and, unashamed, regard it as nothing to cover their bodies with grass and to go about like animals, naked and barefoot.

[Pir 'Ali] sold the believing women who had [sought refuge] on the island of Lim for more than 200 and 300 t'anks over and above our poor, none of whom had a single dram. That prince who destroyed our lands is now set up as lord and prince over our land as chastisement for our sins and because of God's wrath. He now is placing all believers under taxation such that they collect from each man 40 t'anks, to say nothing of the *bahra* and *ch'arek*[42] which went to the aged, children, orphans and widows, the blind, poor and bankrupt. Everyone is starving, and though alive, they are dead.

Having seen this all, we want to speak briefly about the lamentation and sighing of the denuded and poor, [and to make] complaint against the falsely named tanuters by whose permission and negligence our miserable people were destroyed not only through bitter poverty but through unbearable and unrelatable deeds and in the dissolute drunkenness of elders and youths as may plainly be seen in the city of Archesh.

---

42   Shahnazarean describes bahra as 1/10 and ch'arek' as 1/4 of the country's harvest.

Քահանայ մի Ստեփաննոս անուն, ի յերկրէն Ամկու, սակաւ աւուրբք եկեալ բնակեցաւ ի կղզին Լիմն կոչեցեալ, եւ անտի եկեալ ի քաղաքն Արճէշ տեսեալ անտեսուչս եւ անառաջնորդ ոչ հոգեւոր առաջնորդ ունելով եւ ոչ մարմնաւոր, ոչ եպիսկոպոս եւ ոչ վարդապետ, ոչ ձեռնաւոր եւ ոչ տանուտէր, յափշտակեալ կին մի ի քաղաքացւոյն հրամանաւ եւ կաշառօք անհաւատից, եւ բազում ժամանակս եղեւ առաջնորդ քաղաքին: Եւ նենգեալ անօրինաց եւ ստախօս քրիստոնէից՝ մատնեն զնա քաղաքապետին Արծկոյ Սահանդ անուն. եւ զտանուտէր Մուսեֆիր անուն. եւ հեղին զարիւն նոցա, եւ զգլուխս ի պարսպէն ի վայր կախեցին: Եւ այն թէպէտ եւ պատիժ էր ի Տեառնէ զի ամենայն կարգաւոր յիւրում կարգի կացցէ. այլ անմեղ արեամբ իւրեանց լուացին զաղտեղութիւն մեղաց իւրեանց. զի աստի կենաց պատիժս ազատէ ի պատժոց տանջանաց դժոխոց:

Եւ դարձեալ եթէ ձեռօք անհաւատից մեռանէին քրիստոնեայքն այնպէս, որպէս Աբէլ մեռաւ ի Կայենէ, եւ Կայէն պատժեցաւ ի Տեառնէ. զի ասէ գլուխն հաւատոյ մի՛ որք ի ձէնջ չարչարեսցի իբրեւ զգող կամ իբրեւ զչարագործ այս ինքն է կախարդ, ապա եթէ իբրեւ զքրիստոնեայ՝ մի՛ ամաչեսցէ՛: Նոյնպէս եւ սոքա՝ մի՛ ամաչեսցեն առաջի Քրիստոսի. այլ ընկալցին զանապական պսակն ըստ նմանութեան մարտիրոսական դասուցն. եւ թողութիւն մեղաց արասցէ՛ սոցա Տէր Աստուած Յիսուս Քրիստոս. ամէն: Եւ այս էր ի յ844 թուականիս մերոյ:

Now there was a priest named Step'annos from the Amuk country who had come and dwelled on the island of Lim for a few days. Thence he went to the city of Archesh and found it without overseer or leader, neither spiritual nor temporal, neither bishop, vardapet, dzernawor nor tanuter. Seizing a woman citizen through bribing the infidels and at their command he became, for a long while, director of the city. Then treacherous infidels and lying Christians betrayed him to the mayor of the city of Artske named Sahand, and [they also betrayed] a pious tanuter named Musefir. They shed their blood and hanged their heads from the wall. And while perhaps it was a punishment from the Lord so that each cleric hold to his rank, nonetheless by their innocent blood they washed away the stain of their sins; for whoever is so punished in this life is freed from the torturous punishments of Hell.

And if Christians so perish by the hand of infidels, as Abel was killed by Cain, so [the infidels] will be punished by the Lord. For the head of the faith said: "Let none of you be tormented like a thief, a criminal, or a seer, that is, a witch; but should they torment you for being a Christian, be not ashamed." Similarly, they shall not be ashamed before Christ; rather they shall receive the uncorruptible halo, like the class of martyrs. Lord God Jesus Christ forgive their sins. Amen. This occurred in the year 844 of the Armenian Era [1395].

Այլ ի քահանայէս յայսմանէ ծնաւ մանուկ մի Յովհաննէս անուն, եւ սիրեցեալ եղեւ յաչս ամենեցուն՝ հաւատացելոց եւ անհաւատից. եւ եղին զնա ձեռնաւոր քաղաքին եւ երկրին հրամանատու: Բայց չար սերմանցն չար լինի երկրագործութիւն, եւ չար ուսուցչացն չար լինի ուսումն նոցա: Զի հայր սորա տուեալ էր զդուստր իւր առն միում Մուրատ անուն. Եւ սա առեալ էր զքոյր փեսային ի կնութիւն ինքեան: Այս առաջին վնասն էր. եւ երկրորդ՝ զի ծընեալն ի կնոջէն յայնմանէ՝ Բաղշաշիշ անուն՝ կայր ի գործս անպարկեշտս. եւ խրատեալ ի սիրելեաց իւրոց Վեգէնայ անուն, եւ նա հանեալ զսուրս իւր խոցեալ սպան զնա. եւ դառն սգով եղբարց իւրոց եդին ի գերեզմանի: Եւ մեք աղօթս եւ պատարագս մատուցաք թերեւս թողութիւն մեղաց գտցէ. եւ նա ոչ զղջացաւ ի գործս իւր: Դարձեալ մայր սորա մեռեալ. եւ հայրն երթեալ առնու զհօրեղբօր իւրոյ կնոջ քուեր դուստրն. եւ կեցեալ սակաւ աւուրք՝ մեռանի եւս կինն այն. եւ նա ոչ ապաշխարեաց զմեղս իւր: Եւ դարձեալ էառ այլ կին եւ ոչ էառ յանձն ապաշխարութիւն վասն քաւութեան մեղաց իւրոց այլ կայր ցոփութեամբ բազում ժամանակս:

Դարձեալ՝ էր սորա հօրեղբօր որդի մի Յովհաննէս անուն. եւ ետ զդուստր նորա մանկան միոջ Ղրիմպէկ անուն. եւ զքոյր նորա առեալ քուեր որդւոյ իւրոյ: Եւ մանուկն այն տկարացաւ ցաւօք դառնագունիւք. եւ գնաց ի սուրբ ուխտն Գաղտօն եւ այլ ոչ դարձաւ. եւ մայր սորա ի ճգնութիւնս եւ յաղօթս կայր հանապազօր. եւ եղբայր իւր ոչ գթացաւ ի նա:

This priest [Step'annos] had a young son named Yovhannes who was loved by all believers and unbelievers alike. They set him up as dzernawor of the city and hramanatu[43] of the country. But from wicked seed grows a wicked harvest and the teaching of evil instructors is evil. For [Yovhannes'] father had given his daughter [in marriage] to a man named Murat. And [Yovhannes] took in marriage the sister of his brother-in-law. This was the first sin. The second was that the one born of that woman named Baghshashish, was engaged in improper activities. Advised by one of those who liked him, named Vegen, [Yovhannes] unsheathed his sword and killed her. With bitter mourning the brothers lay her in the grave. We offered prayers and masses that perhaps he find forgiveness for his sins. But he did not regret his deeds. Then the mother [of the slain child] died, and the father went and married the daughter of his uncle's wife's sister. Living with her briefly, this wife also died. And he did not repent his sins. Once again he took another woman but did not repent, rather he lived in wantonness for a long time.

His brother's son was named Yovhannes. He gave [his] daughter to a youth named Ghrimpek and his sister's son took his [Ghrimpek's] sister.[44] The child became racked with very bitter pains. He went to the blessed congregation of Gaghton and did not return. His mother turned to constant prayer and asceticism, and her brother did not pity her.

---

43 *Dzernawor* and *hramanatu*: chief and commander.
44 The translation of this passage is uncertain.

T'OVMA METSOBETS'I

Դարձեալ վիշապն սատանայ շարժեաց զտոււտն այսինքն կամեցաւ հարսանիս առնել որդւոյ իւր. երթեալ առնու զքուեր դուստր փեսային հօրեղբօր որդւոյ իւրոյ, յորմէ զմիւս քոյրն առեալ էր քուեր որդին իւր։ Եւ մեք դէմ յանդիման քարոզելով խրատեցաք, եւ նա ոչ հնազանդեցաւ. այլ եւ երիցս եւ չորիցս նամակ օրհնութեան գրեցաք, եւ նա անտես արար. այլ իբրեւ իմաստուն գազանն որ մըտաւ ի մայրն Եւայ եւ խաբեաց զնա, եւ երթեալ մտանէ ի հոգեւոր առաջնորդս եւ ի վարդապետս եկեղեցոյ։ Եւ հրամանաւ նոցա առնու հարսն որդւոյ իւրոյ զդուստր տանուտրոջ միոյ Ասլան անուն վասն ագահութեան ախտից խաչիւ եւ պատարագօք, զհաշտարարն Քրիստոս բարեխօս ունելով առ Հայրն կամեցան յանցանօք պատուիրանացն բարիս առնել թողլով զհրամանս (Հայրապետաց) եւ Լուսաւորչին. եւ ընդդէմ կանոնաց նոցա կալ անհնազանդութեամբ իւրեանց՝ բարեաւն չար կամեցան առնել ընդդէմ Քրիստոսի կամացն. եւ ներողութիւնն Աստուծոյ ներեաց ամ մի։ Բայց յերկրորդ ամին կինն այն ծնանէր որդի եւ եղեւ պատուհաս բարկութեանն Աստուծոյ ի վերայ նորա. գոչէր եւ աղաղակէր անմեղն այն. «ծնողաց իմոց յանցանքն մատնեցին զիս ի ձեռս դիւաց. օգնեա՛ ինձ արարիչ Աստուած՝ եւ մի՛ թողուր զիս ի ձեռաց»։

Once more the dragon of Satan moved his/her house, that is he wanted to marry her child. Going, he took the daughter of the sister of the p'esa of his father's brother's son from whom his sister's son had taken the other sister. We preached and advised against this, but he did not obey. We wrote three and four letters of blessing and he ignored it. Rather, like the crafty creature which approached mother Eve and tricked her, he approached the spiritual leaders and vardapets of the church. And at their command he took as a bride for his son the daughter of a tanuter named Aslan. Because of his disease of greed they took the reconciler Christ as an intercessor, with crosses and masses, desiring with their sins to make good service to the Father, abandoning the orders of [the Patriarchs] and the Illuminator, going against their canons disobediently, and wanting to do evil in the face of Christ's will. The forgiveness of God pardoned them for one year. But come the second year, that woman bore a son and the chastising wrath of God fell upon her. This innocent one cried and clamored: "The wrongs of my parents have surrendered me to the hands of the devs. Bless me, Creator God, and do not let me go."

Եւ եկեալ բազմութիւն քահանայիցն եւ ժողովրդեանն՝ առեալ խաչ եւ աւետարան. եւ աղօթս արարեալ ի վերայ նորա, ոչ եղեւ նմա բժշկութիւն եւ ոչ հանգիստ խռովութեան դառն ցաւոց ապաւինեալ ի դիւթս եւ ի կախարդս: Եւ նոքա երթեալ փորեցին զգլուխ փողոցին աղտեղին եւ թաղեցին մինչ ի պարանոցն, եւ սուր առեալ ի ձեռս իւրեանց աղաղակէին եւ հարկանէին զերկիր եւ ասէին. «ե՛լ չար դեւ՝ ի կնոջէս յայսմանէ»: Եւ բացեալ այլազգեացն զբերան ողորմելի եւ լալի կնոջն՝ սրով ահաբեկ առնէին. եւ ամենայն բազմութիւն քաղաքին՝ հաւատացելոց եւ անհաւատից, եկեալ տեսանէին հերարձակ եւ ողորմելի դիմօք կին մարդ ի մէջ հրապարակին: Եւ որպէս ուրախ եղեն ի յանցաւոր ուրախութեանն, այնպէս անուրախ եղեն ի տառապանս աղքատին ողորմելւոյ: Եւ ո՞վ կարէ պատմել զաղիողորմ կսկիծ եղկելի աղքատին ի մէջ հանդիսական ատենին, զոր տեսօղք եւ լսօղք լալով եւ ողբալով պատմեցին մեզ. եւ կացեալ սակաւ աւուրքք՝ աւանդեաց զհոգին. զոր խնդրեմք ի բարերար Տեառնէ Յիսուսէ Քրիստոսէ ի բոլոր սրտէ թողցէ զյանցանս նորա բարեխօսութեամբ ամենայն սրբոց զի ոչ կամաւ էր մեղանչական, այլ ակամայ: Բայց ծնողաց իւր մեղադրութիւն եւս եւ ձեռնաւորին եւ թոյլ տուող առաջնորդին եւ խաբողիկ աբեղայից, որ եւ Տէր Աստուած Յիսուս Քրիստոս թողութի՛ւն արասցէ նոցա յայսմ աշխարհիս, եւ ի հանդերձեալ ատենին Քրիստոսի աղաչանօք սուրբ Աստուածածնին:

A multitude of priests and the people came with cross and Gospel and prayed over her. With no cure or rest from the agitation of bitter pains, they took refuge in diwt's [sorcerers] and witches. The latter dug [a hole] at the head of the street, relieved themselves into it, buried [the woman] there up to the neck, then taking swords in hand they cried out and struck the earth, saying: "Arise from this woman, wicked *dev*". The foreigners, having opened the mouth of the pitiful and weeping woman, terrified [her] with the sword. The entire multitude of the city's believers and unbelievers came and saw the woman with the woeful face and disheveled hair in the midst of the square. And just as they were happy in transient joy, so now they were saddened at the misery of the poor wretch. Who can relate the heart-rending sobs of the poor woman amidst the solemn *aten* [trial]. Viewers and hearers related it to us, weeping and lamenting. After living a few days, she gave up the ghost. With all our heart we beseech benevolent Lord Jesus Christ to forgive her sins, with the intercession of all the saints, for she was unwillingly, not willingly, a sinner. As for her more guilty parents and the dzernawor, the consenting director and deceitful monks, may Lord God Jesus Christ pardon them in this world and in the next at the court of Christ, with supplications to the holy Mother of God.

Բայց աղաչեմ զվերջին եղբարքդ որ գայք զհետ՝ եպիսկոպոսք եւ վարդապետք, երեւս ի գետին դնելով եւ հողացեալ մարմնով՝ այս սուտ եւ անցաւոր կենացս համար մի՛ նենգէք ի սէրն եղբայրական. զի ամենայն որ ատէ զեղբայր իւր՝ մարդասպան է. եւ սիրովն եղբայրական ծնանի սէրն աստուածական. եւ որ ոչ ունի սէր աստուածական ոչ կարէ միաւորիլ յԱստուածն պետական. զոր եւ հառաչմամբ սրտիւ եւ ճշմարիտ հաւատով մաղթեմք ի Քրիստոսէ զի եղբարցն մերոց թողցէ զյանցանս որ ինչ ինձ գտեալ կամ մեղանչական, զի եւ ինձ թողցէ զյանցանս որ ինչ առ Աստուած եւ առ եղբայրս մեղանչական եղեալ եմ յամենայն կեանս իմ: Վա՜յ զիս:

Իսկ յետ երից ամաց անցելոց եկեալ ձեռնաւորն աւսացեալ ժողովեաց զսինլիքոր, զտառապեալ, զքաղցեալ եւ զմերկացեալ ժողովուրդս Քաջբերունեաց բերին ի յԱրճէշ եւ ետուն ի ձեռս անօրինաց. եւ յամենայն գլխոյ պահանջէին 540 թանկայ ի կաղէ եւ ի կուրէ, ի ծերոց եւ ի տղայոց. եւ այնպիսիք են որ դրամի միոջ տէր ոչ էին:

Ի յ887 թուականին թագաւորն Վրաց Ալէքսան անուն՝ դեղ մահու ետ իշխանին Պէղգինի. որդւոյն Սմբատայ Օրբելեանց, թոռինն Բուրթելի, որ էր աներ իւր. վասն զի առեալ զամենայն կողմն Սիւնեաց եւ զամենայն գաւառս շըրջակայ մերձ ի Սիւնիս աւելի քան զ60,000 քրիստոնեայ տունս, եւ ազատեալ ի Շահ-Ռուխէն Վրաց: Եւ թագաւորն առ երեւս սպատուեալ զնա տայ նմա զդղեակն Լոռու:

I beseech the future brothers who come after [us], bishops and vardapets, putting [my] face to the ground, with [my] body turned to earth, do not betray brotherly love for the sake of this false and transitory life. For whoever hates his brother is a murderer, while divine love is born of brotherly love. No one lacking divine love can unite into the realm of God. With a sighing heart and correct faith, I beseech Christ to forgive whatever blameworthy faults be found among our brothers, and to forgive me for my shortcomings worked throughout my entire life toward God and the brothers. Vay!

Now after three years had passed, the aforementioned dzernawor gathered up the hungry, miserable, naked dregs of our people of K'ajberunik' and brought them to Archesh, handing them over to the infidel. They demanded 540 per head from the lame, blind, old, and children—from such who had not a single dram in the first place.

In the year 887 of the Armenian Era [1438], the king of Georgia, Alexander[45] gave poison to prince Beshk'en (Peghgin), son of Smbat Orbelean, grandson of Burt'el, his own father-in-law. For he had taken all parts of Siwnik', and all districts surrounding Siwnik', more than 60,000 Christian homes, and freed Georgia from Shahrukh. Outwardly the king honored him, giving him the fortress of Lori.

---

45 Alexander I (Alek'san), 1412-42.

Իսկ նա՝ բարեպաշտ եւ երկիւղած գոլով, սիրող կարգաւորաց, ողորմած եւ աղքատասէր առ ամենեսեան՝ ձայն տուեալ առ նա ժողովէին: Եւ նա զամենեսեան պատուէր եւ մեծարէր հացով եւ սեղանով եւ հանդերձով զամենայն դիմեալս առ նա յազգէս Հայոց: Իսկ արեանարբու գազանն եւ անգութն երկուցեալ ի նմանէ սին եւ սնոտի կարծեօք զի մի՛ Հայք առ նա ժողովեսցին եւ աւերումն լինի կողման Վրաց՝ մանաւանդ ի նենգութենէ չար իշխանացն, որպէս ի սկզբանէ նախանձու եւ ատելութեամբ կորուսին զամենայն ազգս Հայոց, գաղտնի դեղ մահու տան ի յայր մի Ամնադին անուն յազգէս Հայոց խոստանալով նմա մեծամեծ պարգեւս:

Եւ անօրէն, եւ արեանարբու Կայէնն առաւել սիրեաց զնենգութիւնն եւ զազգն քաղկեդոնական քան զաստուածապաշտ եւ զբարերարն ազգիս ուղղադաւան եւ ճշմարիտ հաւատացելոյն. տայ նմա յանպատրաստից դեղ մահու ի ժամ կերակրոյն: Եւ նորա իմացեալ՝ զդեղթափ խնդրեալ եւ ոչ ինչ օգտեալ՝ աւանդեաց զհոգին ի ձեռս հրեշտակաց. եւ տարեալ եդին առ հայրն իւրեանց Սմբատ եւ եղբայր իւրՍտեփաննոս՝ եպիսկոպոս սուրբ ուխտին Տաթեւու, որ հանգուցեալ էին ի կողմն Վրաց փախստեամբ ի յայլազգեաց: Եւ սուգ մեծ եղեւ ամենայն ազգիս Հայոց եւ յուսահատութիւն ամենայն մերոյին ազանց, վասն զի ճիռ մի կայր ի մէջ ողկուզաց եւ աստղ մի՝ ի խաւար գիշերի եւ տեղիք ապաւինի ամենայն քրիստոնէից ազգիս: Եւ մնաց եղբայր մի Շահ անուն՝ վարժեալ եւ սնեալ առ որովայնամոլ ազգին Վրաց: Եւ անարի գտեալ եւ ոչ ի խնդիր ելեալ հայրենի գաւառին: Եւ որդի մի փոքրիկ 10 ամաց աւելի եւ կամ պակաս. Որոյ յիշատակն օրհնութեա՛մբ եղիցի, եւ թողութիւն մեղաց արասցէ՛ նմա Քրիստոս Աստուած զի ըստ նմանութեան Աբելի մեռաւ ի դաւող եղբարց եւ նահատակեալ ի սուտ եղբարց:

[Beshk'en] was pious and compassionate, a lover of the clergy, merciful toward all, and toward the poor, telling them to gather around him. All of the Armenians who applied to him he honored and elevated with bread, food, and dress. But that bloody cruel beast [Alexander] feared him, holding the vain and false view that the Armenians must not gather together, so that Georgia would not be destroyed. Especially motivated by the treachery of wicked princes who, as in the beginning, through jealousy and hatred, ruined the entire Armenian people, they gave the poison [to be administered] to an Armenian man named Amnadin, promising him great gifts.

The impious, blood-thirsty Cain loved treachery and the Chalcedonian people more than the pious, benevolent, orthodox and true believers. He administered the poison unexpectedly at dinner. [Beshk'en] realized what had happened and sought an antidote, but it did no good. His soul passed to the angels. He was taken and buried with his father Smbat and his brother Step'annos, bishop of the blessed congregation of Tat'ew, [men] who had died in Georgia, fleeing from foreigners. [His death caused] great mourning for the entire Armenian people and disappointment, for [he had resembled] a small cluster of grapes among the grapes, and a star in the black night and an asylum for all Christian peoples. He was survived by a brother named Shah, nourished and educated among the orovaynamol[46] Georgian people. He was weak and not solicitous about his patrimonial district. In addition [Beshk'en] left a little son of about ten years. May his memory be blessed and may Christ God forgive his sins, for like Abel, he died and was martyred by treacherous, false brothers.

---

46 *Orovaynamol:* gastromaniacal.

Եւ իշխանք նորա վրէժխնդիր եղեն անօրէն Ամնադնին՝ ծայրակտուր արարեալ յոտից եւ ի մատանց. եւ ոչ կարացին ի խուստ ածել զտուողն մահաբեր դեղոյն որ եհան զիշխանն մեր ի կենաց: Եւ ողորմածն Աստուած ներեաց նմա ամ մի. եւ յերկրորդ ամին 888 թուականին զարդար դատաստանն իւր ի գործ էած, այսինքն ի եհար զպիղծ եւ զարեանարբու թագաւորն ի գոգս իւր սաստիկ եւ դառն հարուածով, որ յամենայն աւուր մեռանէր եւ նոր կենդանանայր. վայ եւ եղուկ գոչէր անձին իւրոյ, հաքիմ նա եւ բժիշկ ժողովէր, եւ ցաւն սաստիկ զօրանայր ի վերայ նորին:

Եւ դարձեալ ի միւս ամին 889 թուականին, բարկացաւ Արարիչն Աստուած ի վերայ մերոյին ազգիս եւ ի վերայ չար թագաւորին եւ աշխարհի նոցին: Զի թագաւորն Թաւրիզու եւ բռնաւոր իշխանն Ջահան-Շահ անուն զօր ժողովեաց, գունդս կազմեաց, եւ զչար առաջնորդն Արտաւիլու եւ զամենայն դատի եւ զմուտառիս առեալ եկն ի վերայ տանն Վրաց. եւ բազում անգամ դեսպան առաքեալ գալ նմա ի հնազանդութիւն եւ զսովորական հարկն տալ նմա: Եւ նա ոչ կամեցաւ. այլ խստութեամբ պատասխանեալ ընդդէմ նորա:

Եւ զայրացեալ եկն ի վերայ բազմութեամբ անթիւ զօրօք յաւուր մեծի Զատկին յանկարծակի եւ յանպատրաստ ժամու. եւ զանկեալսն ի ձեռս իւրեանց գերեցին, եւ զմեծամեծսն սպանին. եւ խսար արարեալ նստան ի վերայ Շամշուլտէ քաղաքին: Եւ մինչ ի Պենտէկոստէի օր գալըստեան Հոգւոյն սրբոյ առին զՇամշուլտէ խաբէութեամբ եւ երկիւղիւ 1,664 մարդոյ գլուխ ի դուռն քաղաքին մինարայ շինեցին, եւ 9,400 գերի առին, թո՛ղ զայնս որ ի յանտառաց եւ ի մացառացն յափշտակեցին:

[Beshk'en's] princes avenged themselves on the impious Amnad[in], cutting off his feet and fingers. But they were unable to make the Poisoner who snatched our prince from life confess. Merciful God spared him for a year. But in the second year, 888 A.E. [1439], His righteous judgement was effected, for the loathsome, blood-thirsty king was struck with the bitter blows of leprosy/venereal disease such that each day he died but was revived, groaning "Alas!" and "Woe"! He assembled hakim and doctor but the severe pain grew stronger.

Again in 889 A.E. [1440] the Creator God was angered at our people, the wicked king and their land. For the king of Tabriz, the tyrant-prince named Jihanshah, assembled troops, formed divisions, gathered the wicked director of Ardabil, all the qadis and mudarris and came against Georgia. He sent ambassadors many times for [the king] to come to him in obedience and to pay the customary tax. But [Alexander] did not want to; rather, he replied in harsh words.

Enraged, [Jihanshah] came with a countless host of troops suddenly and unexpectedly on great Easter day. Those who fell into their hands were enslaved and the grandees were killed. He besieged the city of Shamshulde. By Pentecost, the day of the Coming of the Holy Spirit, they had captured Shamshulde through deceit and the fear [of the besieged citizens]. And they built a minaret of 1,664 human heads at the gate of the city, and they took captive 9,400 [folk] to say nothing of those ravished in forests and thickets.

Եւ 60 այր եւ սրբազան ոգի ի կարգաւորաց քահանայից երէց եւ աբեղայ եւ իշխան իբրեւ զոչխար ի դուռն քաղաքին զենեցին, եւ զոմանց գլուխն ի չորս բաժանեցին, եւ զոմանց գլուխն ջախջախեցին, զոմանս ի հաւատոցն հանեալ սպանանէին, զոր քա՛ւ լիցի Աստուծոյ նոցա զայն ի մեղս համարել եւ զշնորհս աւազանին եւ զանապական արիւնն կորուսանել: Աստ է տեսանել զաղէտ տարակուսանաց քրիստոսական գնդին. զի քաջքն եւ արիքն սրտապնդեալ դաւանէին զՔրիստոս ճշմարիտ Աստուած՝ ահագին գոչմամբ ի մէջ բազմութեան սատանայական գնդին. եւ երեսք նոցա փայլէին, իբրեւ զերեսս հրեշտակաց երեւէին բստ նմանութեան Ստեփաննոսի նախավկային: Եւ ո՞վ կարէ պատմել զբօթ տարակուսանաց եւ զկսկիծ մորմոքման տառապեալ հայկազեան սեռիս: Ստեղծողն եւ Արարիչն Աստուած միայն կարէ գիտել որ ստեղծ զնոսա. զի հայրն աղաղակէր առ որդին. վա՜յ ո՛րդի՝ եւ որդին առ հայրն գոչէր լալագին պաղատանօք. վա՜յ զիս հա՛յր՝ մայրն առ դուստրն հայէր, եւ զարտասուսն գետօրէն իջուցանէր: Եւ երկիր եւ աշխարհ ամենայն լցաւ դերեօք, լալով, սգով եւ կոծով, մանաւանդ միջասահման գաւառս մեր հայրենի. զի ամենեքեան փախուցեալք էին եւ անդ երթեալք. այսպիսի փորձանաց եւ որոգայթից դիպեցան:

Այլ ի Մար եւ ի Խորասան, ի Պաղտատ եւ ի Տաճկաստան եւ յամենայն երկիր ցրուեալ ցնդեցան աղերս յղելով եւ զգերին ծանր գնոց վաճառելով. եւ զայսպիսի կորուստ մեր պարծանս պարծանաց անձանց համարէին եւ ասէին բարձր ձայնիւ. ո՞ւր է Քրիստոս Աստուածն նոցին. թո՛ղ գայ եւ փրկեսցէ զհաւատացեալս իւր:

Sixty blessed men, senior priests, monks and princes were sacrificed like sheep at the city gate; some had their heads quartered; some crushed, some were killed [even] after apostatizing. May God have mercy on them for their sin of [filling holy] basins with pure blood. Here one could see the calamitous tribulation of the Christian band. For taking heart, the valiant and brave professed Christ the true God with great clamor in the midst of the satanic multitude. Their faces shone, resembling the faces of angels, like unto Saint Stephen the Proto-martyr. Who can relate the sorrowful tribulations and racking anguish of the miserable Haykazean [Armenian] people. Only their creator, God the Fashioner and Creator, can know that. For father cried to son: "Vay, my son!" while son cried to father in sobbing supplication: "Woe is me, father!" Mother looked at daughter and her tears coursed down like a river. And the country and entire land filled up with captives, weeping, mourning, sobbing, especially the center of our patrimonial district, for everyone had fled there, and encountered such trials and ambushes.

The whole world to Egypt, Khurasan, Baghdad and Tachkastan split apart with the lamentations of sending for and purchasing slaves at a heavy price. [The infidels] boasted of our destruction and exclaimed in a loud voice: "Where is Christ their God? Let Him come and save His believers."

Այլ վա՜յ եւ եղո՜ւկ է ինձ հազար անգամ ի մի բերան. զի զօր անգթութեան մեղացն ի դատաստանի աւուրն այսօր ի քաղաքիս մեր տեսաք. զի ամենայն գերին ի 1,000 թանկայ վաճառէին. եւ ա՛յնքան յաղքատութիւն անկեալ կամք ամենայն ազգս, քաղաք եւ գիւղք, վանք եւ ագարակ զի մին քաղաք եւ մին գեղ գերի մի գնել ոչ կարէ վասն դառն աղքատութեան տառապանաց. այլ սուգ եւ ողբ ի բերան առեալ՝ աղիողորմ դառնութեամբ եւ լալագին հեծեծանօք լամք եւ ողբամք զկորուստ մեր. զի անմեղ մանկունք, գնեալ արեամբ Քրիստոսի, ժողովուրդք, սուրբ գառինք եւ անարատ հարսունք՝ մատնեալ անօրինաց՝ ի սպառ կորեան. եւ ոչ ոք է որ օգնէր, եւ ոչ որ ի թիկունս հասանէր:

Այլ անտի չուեալ գնացին ի վերայ Տփղիս Փայտակարան քաղաքին, եւ զամենայն եկեղեցիսն հին եւ նոր, շինեալ ի յառաջին թագաւորացն, ի հիմանց տապալեցին, զնշան Տեառն ի վայր արկանէին, եւ հանեալ զսուրս իւրեանց ի վերայ եկեղեցեացն տարածանէին ահագին գոչմամբ եւ սաստիկ որոտմամբ: Մինչ զի յահէ եւ յերկիւղէ նոցա սասէր եւ դողայր ամենայն լեռնականք եւ դաշտականք. եւ սուր ի ձեռին արիք եւ անարիք եւ ջոկապանք մտանէին ի մայրիսն եւ ի ծերպս եւ ի ծակս վիմաց: Եւ զկին եւ զորդիս նոցա հանեալ անտի՝ գերի վարէին ի բազում աւուրս: Եւ անարի եւ որովայնամոլ, արբեցող եւ լապաստակակեր ազգն Վրաց, որ հանապազ ի գինարբուս նստեալ պարծէին յաղթող լինել ի վերայ ամենայն ազգաց, նետիւ միով մարդ մի խոցել ոչ կարացին. այլ տեսեալ զոմանս ի մէջ պրակի՝ գաղտագողի առ միմեանս ահիւ եւ դողութեամբ ասէին «ահա՛ Թուրքման, ահա՛ Թուրքման»: Եւ ահա՛ ինքեանք մազապուրծ եղեալ՝ զորդիս իւրեանց ի ձեռս անօրինացն մատնէին:

Oh woe and alas, a thousand times over, for today we observed the day of cruel sin, the Day of Judgement in our city. All the captives were sold for 1000 t'anks. And we had fallen into such penury, all people, city and village, monastery and *agarak*[47] that one city and one village was unable to buy a single captive because of the bitter tribulations of poverty. Rather, mourning and lamenting with heart-rending bitterness and lachrymose sobs do we weep and lament our loss. For innocent clerics bought with the blood of Christ [and] the people, blessed lambs and pure brides, betrayed to the infidels, were lost completely. And there was no one to help, or come to [their] aid.

From here they went on to Tiflis P'aytakaran city, and demolished to the foundations all the old and new churches built by the first kings. They hurled down the symbol of the Lord, swarming over churches with unsheathed swords, with frightful shouting and thundering, to the point that all the mountaineers and plainsmen chilled and trembled, out of terror and dread of them. Sword in hand, brave, coward, and commander took to forests, thickets and caves. Having removed their women and children for many days they took captives. And that cowardly, gastromaniacal, drunken, lapathum-eating Georgian nation, which continually sat intoxicated, boasting that they would vanquish all peoples, were unable to pierce by arrow even one man. Instead, spying some of them in a grove they would stealthily say to one another in terror and trembling: "Behold, the Turkmens! Behold, the Turkmens!" And behold, having themselves escaped by a hairsbreadth, they betrayed their sons into the infidels' hands.

---

47 *Agarak:* farm/field.

Եւ ուստի մեք հանապազ յոյս ի Վրացիսն ունելով պարծէաք ի մէջ անօրինաց, յայնմանէ յուսահատեալ՝ առաջի անօրինաց ափիբերան եղաք: Կատարեցաք զբան մարգարէին որ ասէ «անիծե՛ալ մարդ, որ դիցէ զյոյս իւր ի մարդ», «եւ մի՛ յուսայք յիշխանս զի ոչ գոյ փրկութիւն»: Եւ այլ օգնական ոչ գոյ մեր բայց միայն Տէր մեր Յիսուս Քրիստոս, որ եդ զանձն ի վերայ սուրբ եկեղեցւոյս իւրոյ խաչիւ եւ չարչարանօք:

Եւ այս ամենայն եկն ի վերայ մեր վասն մեղաց մերոց, մանաւանդ վասն հայհոյութեան յիշոցատուաց եւ վասն ծուլութեան, անաղօթք կալոյն եւ ատելութեան եւ անսէր գոլոյն առ ամենեսեան եւ անուղղայ քահանայութեան:

Եւ պիղծ բռնաւորն դարձեալ կոչեաց առ ինքն զչար առաջնորդս հաւատոյն իւրոյ եւ ասէր «եթէ այլ ոք յառաջին թագաւորացն մերոց զայսպիսի բարի գործս եւ արիութիւն գործեա՞լ էին»: Եւ նոքա ասեն «ոչ՝ դուք առաւել քան զփեղամբէրն պատուոյ եւ փառաց էք արժանի»: Եւ ասէ պիղծ շեխն Արտաւիլու «զինչ չարիք որ գործեալ էիք, եթող Աստուած, եւ եօթն տարւոյ, զոր ինչ գործէք, թողեալ իցի. բայց խրատ մի տամ քեզ եթէ զառաջնորդն մեր հայհոյեցին նոքա՝ կունտ եւ քաչալ անուն տային, հա՛րկ եւ խարա՛ճ դիր ի վերայ ամենայն քրիստոնէից զի ուրանան զՅիսուս Քրիստոս եւ դարձցին դոքա յօրէնս մեր»: Եւ նոքա եդին խարաճ եւ հարկս մեծամեծս ի վերայ ամենայն ազգիս թերեւս վասն բազում նեղութեանց դարձցին ի կրօնս մեր, զոր Տէր Յիսուս վաղվաղակի բառնայ զսոսա ի միջոյ, եւ դատաստան ուղիղ արասցէ ընդ մեզ եւ ընդ սոքա, (որք) ամենեւին կորուսին զազգս իւր:

Furthermore we [Armenians], always placing hopes on the Georgians and boasting of them among the infidels, were thereafter disappointed and confounded in the infidels' presence. The words of the prophet were fulfilled: "Cursed is the man who places his hopes on man,"[48] and "Trust not the prince, for that is not salvation."[49] Nor was there anyone to help us besides Lord Jesus Christ Who by crucifixion and torture gave His life for the holy Church.

All this descended upon us because of our sins, especially because of the swearing of the foul-mouthed, because of lazy, lack of prayer, and the hatred and lack of love manifested toward all, and the incorrigible priesthood.

The filthy tyrant again summoned the wicked leaders of his faith and asked: "Were there any besides our first kings who worked such good deeds and bravery?" They responded: "You are more worthy of honor and glory than the Prophet." And the loathsome shaykh of Ardabil said: "God pardons whatever crimes you have committed for the next seven years; whatever crimes you commit He will forgive. But let me give you some advice. Because they curse our leader, calling him bald and hairless, place tax and capitation over all Christians so that they will apostatize Jesus Christ and adopt our faith." They levied capitation and other enormous taxes on all peoples so that through numerous harassments they turn from our faith. May Lord Jesus quickly do away with them and judge directly between us and them who totally destroyed His people.

---

48 Jeremiah 17:5.
49 Psalm 146:3.

T'OVMA METSOBETS'I

Ութ հարիւր ամն Հայոց լիցի օգնական եւ կորուսցէ զնոսա որպէս զԳոգ եւ զՄագոդ եւ զՀռափսակ եւ զՍենեքերիմ եւ զամէնայն չար թագաւորս աշխարհաց: Զի որ ընդ հարցի ընդ վիմին Քրիստոսի՝ փշրեսցի՛ աստ եւ փշրեսցի ի հանդերձեալն ազգօք եւ ամենայն ժողովրդօք: Եւ բարձրացուսցէ՛ զեղջիւր թագաւորաց Քրիստոնէից բարեխօսութեամբ սրբուհւոյ Աստուածածնին եւ ամենայն սրբոց երկնաւորաց եւ երկրաւորաց, մանաւանդ նոր եւ ընտրեալ մարտիրոսաց, քաջ եւ արի նահատակացն հեղմամբն արեանց անպարտ արեանց Շամշուլտէ ողորմելի քաղաքականաց: Եւ ի ձեռն սոցին բարեխօսութեան եւ մաղթանաց Տէ՛ր Յիսուս թողութի՛ւն արա մեզ եւ ծնօղաց մերոց եւ հարազատաց եւ ամենայն հայկազեան սեռիս՝ կարգաւորաց եւ աշխարհականաց եւ ամենայն քրիստոնէից. ամէն:

For in 800 of the Armenian Era[50] there will come aid and they will be destroyed like Gog, Magog, Hrap'sak, Sennecherim and all the evil kings of the world. For whoever strikes against the rock of Christ will be crushed in this world and in the next, with his family and entire people. And he shall lift up the horn of the kings of Christ with the intercession of the blessed Mother of God and of all the heavenly and earthly saints, especially of the new and select martyrs, the brave, valiant pitiful citizens of Shamshulde who were drowned in martyrs' blood. Through their intercession and good wishes may Lord Jesus forgive us, our parents, relatives and the entire Armenian people, clerics, laymen, and all Christians. Amen.

---

50 Shahnazarean notes that 800 A.E. [1351] is in error.

Index

Aght'amar (island), 43; 73; 103; 123.

Aghuania(n), 39; 105.

Alexander I (king of Georgia), 173; 177.

Amida, 59; 115; 141.

Archesh, 21-23; 35; 39; 43; 53; 61-71;
    81; 99; 105; 111-113; 117;
    129; 133-139; 159; 161-165;
    173.

Armenia(n), 3; 9-19; 17-19; 37-41;
    47-49; 53-55; 59; 67-69; 77; 81;
    87; 95; 99-103; 107; 111-113;
    119-121; 125; 135-137; 141-143;
    151; 157-159; 165; 173-175; 179;
    183; 185.

Bagarat V (King), 19-21.

Baghdad, 7-9; 59; 91; 105; 111; 115;
    119; 179.

Baghesh (Bitlis), 57; 71; 99-101; 119;
    123-125; 141; 159.

Bagrewand, 113-117.

Byzantium, 85.

Catholicos, 39; 103.

Constantine I (king of Georgia), 21; 25; 95.

Chaghatai, 17-23; 27; 31; 35-37; 45;
    63-67; 79-81; 95; 103; 115-119;
    127; 131-133; 149; 157-159.

Damascus, 87; 91; 101.

Delhi, 97.

Diyarbakir, 59; 103.

Egypt, 65; 103; 141; 155-157; 179.

Erzurum, 149.

George VII (King), 21; 95.

Georgia(n), 19; 39; 93-95; 105; 111-113; 119; 139; 173-177; 181-183.

Grigor of Tatev, 15.

Isfahan, 5-7.

India, 97-99.

'Izz al-Din Shir (Ezdin), 7-9; 35; 63;
    99-103; 123.

Jerusalem, 33; 43; 51; 79; 87.

INDEX

Karabagh, 19; 127.
Kara-Koyunlu (see Qara-Koyunlu).
Karin (see Erzurum).
Kharberd, 141; 151.
Khurasan, 3-7; 15; 59; 93; 97; 115; 119; 127; 133-135; 157; 179.
Kurd, 7; 31; 35; 121; 125; 135; 141; 159.

Miran-Shah, 97-99; 103.

Patriarch, 15; 23-25; 169.

Qara-Qoyunlu, 21; 145; 163.
Qara Yusuf, 23; 43; 63-67; 101-121.

Samarqand, 3; 33; 87; 97; 111.
Shah Rukh (Sha-Ruf), 33; 115-117; 127-131; 145-149; 153; 155-157; 173.
Shamaxi, 11; 145-147.
Shiraz, 5-7.
Siwnik', 9-11; 15; 41; 47-49; 69-71-73; 77; 145-147; 153; 173.

Step'annos (vardapet), 19; 23; 49; 53; 57; 63; 69-71; 77; 85; 105; 109-111; 159; 165-167; 175; 179.
Syria, 21; 33; 87; 113-115.

Tabriz, 3; 7-9; 15; 43; 97-99; 103-105; 115; 119-123; 139; 177.
Tachik, 59-61; 99; 105; 121; 125; 143.
Tamerlane (Timur), 3-9; 15-19; 23; 31-39; 45; 59; 65-67; 79-81; 87-101.
Taron (district), 21; 49; 115.
Tiflis, 19; 181.
Turkmen, 17; 21-27; 31; 63; 101-103;
115-117; 129; 133; 157; 181.

Ulugh Beg (Ullux Beg), 33.

Vagharshakert, 113; 117; 157.
Van (city), 35; 91; 123; 131; 135; 143.

www.sophenearmenianlibrary.com

SOPHENE

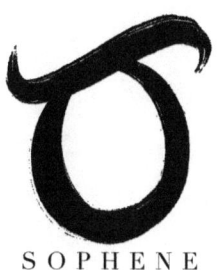

www.ingramcontent.com/pod-product-compliance
Lightning Source LLC
Chambersburg PA
CBHW021435080526
44588CB00009B/540
* 9 7 8 1 9 2 5 9 3 7 7 5 6 *